평상심

나를 이기는 힘

평상심

平常心

장쓰안 지음 ● 황보경 옮김

샘터

Chapter 3 | 사람을 부르는 평상심

나를 업그레이드하는 평상심의 기술

나를 이기는 힘, 평상심

　　　　'평상심이 도道'라는 가르침을 최초로 설파한 사람은 당나라 시대의 유명한 선승인 마조 도일馬祖 道一, 709-788이다. 그 후 보원普願, 748-835 선사를 거쳐 그 제자인 조주趙州, 778-897 선사가 평상심을 자신의 핵심사상으로 발전시켰다. 조주 선사는 출가한 지 얼마 안 된 스님들로부터 선에 대한 질문을 받을 때면 눈에 띄는 사물을 가리키며 대답했다.

"저는 선림禪林에 막 입문하여 무지몽매합니다. 큰 가르침을 주십시오."

"죽은 다 먹었느냐?"

"다 먹었습니다."

"그럼 발우공양 그릇를 씻어라."

질문을 한 수행승은 조주 선사의 말씀에 깨달음을 얻었다.

평상심이란 진정한 마음이 눈앞에 보이는 모습으로 현현顯現한 것을 말한다. 따라서 지금, 바로 눈에 보이는 것이 진리이므로 멀리서 찾으려 할 필요가 없다.

春有百花秋有月　봄에는 온갖 꽃이 피고 가을에는 밝은 달이 있네
夏有涼風冬有雪　여름에는 시원한 바람이 불고 겨울에는 눈이 오네
若無閑事掛心頭　쓸데없는 생각 마음에 두지 않으면
便是人間好時節　이것이 바로 좋은 시절이라네

도를 깨달은 사람은 쓸데없는 일에 마음을 쓰지 않는다. 계절마다 다른 날씨가 나름대로 좋게 느껴지는 것은 불성佛性이 일으키는 유희라는 것을 알므로 모든 사물을 빙그레 웃어넘긴다. 하지만 문제는 '쓸데없는 일에 마음을 빼앗기지 않는' 경지가 말처럼 쉽지 않다는 것이다. 이런 경지에 다다르기 위해서는 반드시 피나는 수행을 해야 한다. "조주 선사는 도를 깨닫기 위해 30년을 방황했다."는 무문 혜개無門 慧開 선사의 말은 수행이 얼마나 힘든가를 단적으로 표현한 것이다. 조주 선사조차도 '평상심이 도'라는 화두를 지행합일의 단계로 체화하는 데 30년이 걸렸던 것이다.

이른바 평상심이라는 것은 우리가 일상생활에서 어떤 일을 처리하

는 심리 상태를 뜻한다. 이것은 '보통의 모양이나 형편'이라 풀이되는 일종의 '상태常態'이다. 평상심의 가치는 동요하거나 놀라지 않고, 삶과 죽음을 두려워하지 않는 데에 있다. 수양을 해야만 얻을 수 있는 평상심은 세상을 사는 실천적 철학이 될 수 있다. 이는 맹자의 '인仁은 사람의 마음이고, 의義는 사람의 길'이라는 말과 맥락을 같이 한다.

우리는 되도록이면 굴곡 없고 편한 삶을 원하지만, 실제로 많은 고통과 어려움을 겪으며 살아간다. 그렇기 때문에 '평상심을 잃지 않고 살아가는' 것은 대부분의 사람들에게 거의 실현 불가능한 희망으로 여겨질 정도이다.

공부나 일에 쫓기는 사람들은 마치 모든 역들을 통과하기에만 급급해서 길가의 아름다운 풍경들을 감상하지 못하는 여행자와 같다. 그들은 평상심을 잃은 채 부담감에 눌려 산다. 이와는 대조적으로 평상심을 지닌 채 생활을 사랑하며 즐겁게 사는 사람들은 인생의 의미를 깨달은 이들이다.

평상심을 가진 사람은 얻고 잃는 것에 집착하지 않는다. 얻고 잃음은 영원한 것이 아니므로 언제라도 그 상태가 변한다. 따라서 평상심으로 의외의, 혹은 비일상적인 일들을 대한다면 모든 일이 평상적인 것이 된다.

평상심은 소극적으로 세상으로부터 도피하는 것이 아니라 적극적으로 인생을 사는 것이다. 우리는 불안에 떨기 위해 세상에 온 것이 아니다. 용기 있게 나아가기 위해 왔다.

Chapter 1

행복을 부르는 평상심

당신은 날씨를 마음대로 바꿀 수 없지만 기분은 바꿀 수 있다. 당신은 항상 승리할 수 없지만 어떤 일에 최선을 다할 수는 있다. 즐거움은 원래 이렇게 단순하다. 즐거움은 만족의 미소이고, 진심에서 우러나는 악수이고, 마음을 털어놓는 대화이고, 예상치 못한 만남이다. 삶을 사랑하고, 매일 희망을 품고, 세상의 아름다움과 경이로움에 대한 기대를 잃지 않는 것이다.

01
양날의 칼, **욕망** 길들이기

　　복잡한 현대 사회에서 쫓기듯 살아가는 우리가 분명히 인식해야 할 문제 중의 하나는 바로 '이익'이다. 이 세상은 매우 구체적이고 실질적이지만, 한편으로는 몹시 허무하기도 하다. 천진한 아이들의 눈으로 이익이 무엇인지 바라본다면, 세상은 원래 복잡하지 않은데 단지 인간이 그 본질을 깨닫지 못하고 있다는 사실을 발견하게 된다.

　　사실상 우리가 불쾌감을 느끼는 원인은 자신의 수입보다 훨씬 큰 욕망에 있다. 부박한 사회에서 마음이 평안하기란 쉬운 일이 아니다. 하지만 자신이 진정으로 원하는 것만을 선택하고, 무의미한 집착을 버린다면 평온하고 즐거운 삶을 누릴 수 있다.

　　우리에게 주어진 유한한 시간 속에서 생명을 소중히 여기는 방법을 배워서 실천하면 매 순간이 충실해진다. 진지한 사색이 있다면 우리의 삶은 한결 깊어지고 단단해질 것이다. 다시 말해 지위의 고

하, 평범함과 비범함, 소유의 정도 등에 상관없이 자신을 사랑하고 주어진 것들을 그대로 받아들이고 아낀다면 인생의 맛과 멋을 음미하며 행복하게 살 수 있다. 세상에 불평을 하는 사물이나 생명체는 없다. 오직 인간의 마음만이 불평을 한다.

불행, 실패, 고민, 고통 따위를 견디기 힘들 때에는 스스로를 내려놓을 수 있어야 한다. 담담하게 인생의 길목에 놓인 걸림돌들을 뛰어넘은 다음에는 아름다운 광경이 펼쳐진 들판을 만나게 된다. 인생은 그 걸림돌들로 인해 더욱 멋이 나고 풍요로워진다.

생활 속에는 늘 즐거움이 있다.
다만 즐거움을 발견하는 눈과 마음이 없을 따름이다.

001
성공과 실패는 5달러 차이

아기 사자가 엄마에게 물었다. "엄마, 행복은 어디에 있어요?"

"행복은 네 꼬리 위에 있단다."

엄마의 말에 아기 사자는 꼬리를 찾기 위해 계속 뛰었지만 잡을 수가 없었다.

이 모습에 엄마 사자는 웃으며 말했다. "이 바보야! 행복은 그렇게 얻는 게 아니지. 네가 머리를 들고 앞으로 걸어가면 행복은 그냥 너를 뒤쫓아 온단다."

새로운 일에 도전하려는 사람은 용기와 함께 평상심을 지녀야 한다. 그러면 결과가 어떻게 나오든 상관없이 최소한 '과정'에서라도 무언가를 얻게 된다.

50여 년 전에 한 중국 청년이 말레이시아로 이민을 갔다. 그의 주머니에는 달랑 5달러밖에 없었다.

살아남기 위해 그는 고무 농장의 노동자, 바나나 장수, 식당 웨이터 등 많은 직업을 전전했다. 이 젊은이가 50년 후에 말레이시아 최고의 부호가 되리라 예상한 사람은 아무도 없었다. 많은 사람들이 그의 성공 비결을 궁금해했는데, 그 결과 알아낸 것은 그가 남들과 똑같은 기회를 가졌었다는 사실이었다. 다만 유일하게 보통 사람들과 다른 점이라면 모험을 두려워하지 않는 그의 성격이었다. 그는 100달러를 벌면 그대로 새로운 업종에 투자했다. 안정적이지 않은 투자 환경에서 보통 사람이라면 도저히 하기 힘든 행동이었다. 이 젊은이가 바로 말레이시아 최대의 자산가인 셰잉푸謝英福이다. 이제 그가 부를 이룬 과정은 말레이시아 사람들에게는 신화가 되었다.

전임 총리 마하티르는 말레이시아의 국영 제철회사가 경영난으로 1억 5천만 달러의 적자를 보자 절친한 사이인 셰잉푸에게 구원을 청했다. 회장에 취임해서 회사를 정상으로 되돌려 달라는 것이었다.

셰잉푸는 흔쾌히 총리의 제의를 받아들였다. 주위 사람들은 그의 선택이 잘못되었다고 생각했다. 제철회사는 경영을 쉽게 개선하기 어려웠던 데다 설비가 낙후되고 사원들의 사기도 형편없었기 때문이다. 한 마디로 거액의 자금을 투여한다 해도 경영 회복은 불가능해 보이는 상황이었다. 하지만 그는 언론과의 인터뷰에서 이렇게 말했다. "내가 말레이시아에 올 때 주머니에는 5달러뿐이었다. 이 나라는 나를 성공하게 해주었으니 이제 보답을 해야 한다. 만일 내가 실패하면 5달러를 잃는 것에 불과하다." 예순이 다 된 나이에 그는 호화 저택에서 제철공장의 허름한 기숙사로 이사를 하였다. 그의 상징적인 월급은 말레이시아 화폐 1링깃한화 약 285원이었다. 3년 후 그는 약 10억 달러의 수익을 냄으로써 동남아 제철업계의 거물로 부상했다. 또 다른 성공에 찬사가 끊이지 않자 그는 이렇게 화답했다. "나는 단지 5달러를 다시 찾았을 뿐이다."

물욕이 지배하는 사회에서 돈의 속박에서 벗어나기란 결코 쉽지 않다. 더군다나 이미 가진 것을 포기하거나 상실한다면 견디기가 매우 힘들다. 그래서 성공한 사람들은 상당한 부를 축적한 다음에도 대부분 더 많은 돈을 벌고 즐기려 한다. 만약 사업가가 이해를 초월해 자신이 번 돈을 사회에 환원하면 저의를 의심받거나 바보스럽게 여겨진다. 하지만 그와 같은 기부는 매우 용기 있고 지혜로운 행동으로, 궁극적으로 모두를 행복하게 만든다.

바둑의 고수들이 대국하는 것을 보면 심상하기만 하다. 그러나 그들은 실제로 모든 잡념을 버리고, 승패를 떠나 한 수 한 수를 둔다. 이런 평상심으로 인해 그들은 한결 집중해서 일격을 가해 상대를 이길 수 있다. 승리해도 자만하지 않고, 적수를 존중하면서 모욕하지 않는 자세야말로 평상심이 도달할 수 있는 최고의 경지이다.

마음의 방향이 정해졌을 때 앞만을 보고 뒤를 잊는 것, 한 방향이나 방식만을 고집하는 것을 '집미執迷, 고집으로 인해 갈팡질팡하는 것'라고 한다. 불교에서 '평상심이 바로 도'라고 한 것은 쉽고도 여유롭게 세상을 사는 태도를 일깨운 것이다. 인생에서 다다를 수 있는 가장 높은 경지는 세상에 이름을 알리고 공을 세우는 것이 아니다. 그보다는 여유를 가지고 흘러간 혹은 흘러가는, 예사롭게 보이지만 예사롭지 않은 삶의 편린들을 감상하는 것이다. 시비와 승부에 초연하면서 경쟁에서 벗어나 삶의 진실을 추구하다 보면 인간의 존엄성과 생명에 대한 의식이 한층 높아지게 된다.

002
최선을 다해도 실패할 수 있다

'어떤 심리 상태로 살 것인가' 하는 의문에 정답을 구하기는 쉽지 않다. 사람들은 성격과 처한 환경이 제각각이고, 맞닥뜨리는 문제들도 다르므로 때로 비정상적인 심리를 표출하는 것이 정상적인 반응이라 하겠다. 현실에서는 최선을 다해도 만족할 만한 결과를 얻지 못하는 경우가 다반사이다. 하지만 세상이 불평등하다고 화를 내거나 원망을 늘어놓는 것은 현명하지 못한 태도이다.

평상심이 있는 사람은 욕망 때문에 갈등을 겪지 않는다. 욕망은 영원히 충족되지 않는 법이다. 오랜 갈등이 해결되어도 새로운 문제들이 반드시 속출하기 때문이다. 욕망을 채우기 위해 안간힘을 써도 무의식 속의 유혹을 이길 수는 없다.

평상심은 세상사를 담담하게 받아들일 수 있게 만든다. 인생 여정에서 우리는 실로 무수한 일들을 겪는다. 생명의 가치는 비범한 일들을 통해서만 승화되는 것이 아니다. 그리고 자아실현은 자신의 의지만으로 가능하지 않다. 열심히 노력을 해도 방황과 좌절을 하게 되고, 큰 꿈이 이뤄지기를 갈망해도 허무함을 주체하지 못할 순간이 반드시 찾아온다.

그러나 평상심을 잃지 않으면 득의의 순간에도 경망스럽지 않고, 실패했을 때도 낙담하지 않는다. 인간은 안정감, 성공적인 인간관계, 자아실현 등의 수많은 욕구를 가지고 있다. 욕구는 동기를 부여하고, 이는 행동으로 연결된다. 한 가지 욕구가 만족되면 새로운 동기와 행동을 촉발시키고, 심리적으로는 냉철해지거나 침잠하게 만든다. 그런데 욕구에 대한 태도와 충족 방법에 따라 결과는 달라지게 마련이다. 평상심을 갖지 못한 사람은 뜻을 이루면 광분하고 교만해져서 아무것도 보지 못한다. 반대로 뜻대로 되지 않을 때는 절망감에 빠져서 원망과 불만을 쏟아놓는다.

각기 다른 환경에 처한 사람들은 다양한 인과관계를 만들어 낸다.

일의 원인을 곰곰이 생각해 보고 동요하지 않는 마음으로 환경에 적응하면서 노력하면 쉽사리 쓰러지지 않는다.

003
조타키는 내 손 안에 있다

한 사내가 불공을 드리기 위해 절에 가다 코뚜레를 낀 소가 나무에 묶인 채로 풀을 뜯고 있는 모습을 보았다. 그는 소가 자유롭게 움직이고 싶지만 옴짝달싹 못하고 있는 것이라 생각했다.

노스님과 차를 마시며 담소를 나누던 사내는 "어찌할 바를 모르고 쩔쩔맨다는 것은 어떤 상태인가요?"라고 물었다.

"줄을 끊지 못하기 때문이지."

스님의 대답에 사내는 깜짝 놀랐다. "소가 묶여 있는 것을 보시지 못한 스님이 그렇게 말씀하시니 정말 놀랍습니다."

스님은 미소를 지으며 이렇게 말했다. "그대가 물은 것은 구체적인 사실이고, 내가 답한 것은 이치라고 할 수 있지. 그대는 소가 줄에 매여 꼼짝 못하는 상태를 물은 것이고, 내가 대답한 것은 마음이 속세에 매여 초탈하지 못한다는 뜻이야. 하나의 이치는 만사에 적용된다네."

사람들은 마음속에 적지 않은 족쇄를 가지고 있다. 명예, 이익, 탐욕, 질투, 증오심 등이 바로 그것이다. 행복을 방해하는 마음의 족쇄들을 끊으면 진정한 자유를 누릴 수 있다.

그런데 한편으로 인간의 욕망은 생명력의 발로이다. 예로부터 금욕을 주장한 철학자들은 인간 본연의 모습을 왜곡함으로써 마땅히 즐거워야 할 인생을 고통으로 점철되게 만들었다. 실제로 욕망은 생명력의 표현이므로 그 자체는 선이나 악으로 규정지을 수 없다. 욕망은 일종의 힘으로서, 선악이라는 개념보다 우선한다고 보는 것이 올바른 이해라 하겠다.

욕망이 선과 악보다 선행한다는 것은 욕망이 선으로 혹은 악으로 변할 수 있기 때문이다. 어느 쪽으로 변하는지의 여부는 인간이 욕망을 어떻게 지배하는가에 달려 있다. 마치 배의 조타키를 어떻게 움직이느냐에 따라 배가 좋은 방향, 혹은 나쁜 방향으로 항해하게 되는 것과 같은 원리이다. 인간은 조타키를 마음대로 움직일 자유가 있지만, 배가 전진하거나 암초에 부딪힐 때에는 모든 책임을 져야 한다. 이렇듯 자유와 책임은 인간에게 부여된 특성이고, 특히 욕망을 다스리는 데에 있어 이 점은 더욱 선명해진다.

욕망은 때로는 삶에 큰 도움이 되지만, 조금이라도 방향이 어긋나게 되면 끔찍한 결과를 초래한다. 욕망이라는 숯이 화로에 있으면 사람들은 언 손을 녹이지만, 실수로 바닥에 떨어지면 불이 나지 않도록 재빨리 물을 뿌려야 한다. 같은 물건도 쓰임새에 따라 그 가치에 큰 차이가 생기듯, 욕망의 효용도 가변적이다.

이러한 욕망의 본질을 잘 인식하여 활용한다는 것은 자신을 잘 파악하여 인생의 방향을 결정할 능력을 갖고 있다는 의미이다. 예를 들어 돈을 벌고 싶은 욕망은 나쁜 것이 아니다. 만약 당신이 이 욕망을 정확히 이해하여 열심히 일해 정당하게 돈을 번다면 자신과 주위 사람들에게 모두 좋은 일이다. 그러나 부당한 수단으로 돈을 번다면 다른 사람의 이익을 침해할 뿐 아니라 자멸을 면하기 힘들다. 욕망의 성격을 정확히 이해하여 지배하는 것은 하나의 학문이자 교육이다. 그러므로 합리적으로 욕망을 지배하고 충족시킨다면 인격적인 성숙과 발전을 이룰 수 있고 행복을 얻을 수 있다.

004
인생의 임계점을 파악하라

어떤 사람이 강가에서 물고기를 많이 잡았다. 그는 잡은 물고기들 중에서 큰 것은 도로 강에 풀어 주었다. 이 모습을 본 옆 사람이 이해가 안 간다는 듯이 물었다. "큰 고기를 잡으려고 야단들인데 당신은 왜 큰 놈들을 풀어 주는 거죠?"

"우리 집 솥보다 큰 놈은 그 속에 들어가지 않으니까요."

절제는 자신의 욕구를 이성적으로 조절하는 것이다. 다시 말해 끝

없는 욕구가 지혜로운 마음을 집어삼키지 않도록 자신에게 필요한 만큼만 취하는, 일종의 초월적인 삶의 자세인 것이다.

유물변증법의 중요한 관점은 모든 사물의 발전과 변화에는 극한이 있다는 것이다. 이 극한을 철학에서는 '임계점'이라 한다. 사물의 발전이 이 극한을 넘으면 질적 변화가 일어난다.

역사의 유장한 흐름에 비하면 인생은 지극히 짧다. 하지만 인생의 과정에는 좋고 나쁨, 성공과 실패, 선과 악, 영예와 수모, 순리와 역행 등의 수많은 임계점이 있다. 임계점들을 파악하는 것은 인생에 있어 중대한 시험이 된다.

하늘은 대립되는 사물들을 하나로 겹쳐 놓음으로써 인간을 단련시킨다. 남들보다 눈부신 성취를 이룬 사람들은 하나같이 자아에 대한 철저한 경각심으로 욕망을 억제하면서 자신의 일에 매진했다. 그런데 인생의 정상에서 나락으로 떨어지는 사람들은 그 실패의 원인이 능력 부족에 있는 것이 아니라 무한한 욕망이 파놓은 '함정'에 빠진 것이다. 현명한 사람이라면 유혹에 흔들리지 않도록 경계해야 할 것이다.

독일의 철학자 칸트가 '한계 속에서 우리에게 자유를 부여하는 것은 규율이다'라고 한 데서 알 수 있듯이 자아를 적절하게 조절하면 임계점 내에서 자유롭게 살 수 있다.

고전 〈대학大學〉에 나오는 '신독愼獨'도 절제의 중요성을 강조한

22

다. '감춘 것보다 잘 보이는 것이 없고, 조그마한 것보다 잘 드러나는 것이 없다. 그러므로 군자는 홀로 있는 데서 삼간다莫見乎隱 莫顯乎微 故君子愼其獨也'는 구절에서 알 수 있듯이 아무도 지켜보지 않아도 스스로 행동을 삼가고 도덕성을 지킨다면 결코 곤경에 처하지 않을 것이다.

'재앙은 항상 사소한 것을 소홀히 한 데서 비롯된다'는 옛말이 있듯이 사소한 일이라고 무심하게 지나쳐 버리면 큰 화를 부르게 된다. '대세에 지장을 주지 않는' 작은 일에는 신경을 쓰지 않는 것이 정신 건강에 좋다고 생각하는 사람들이 적지 않다. 하지만 작은 도덕적 일탈이 범죄로 연결되는 경우는 비일비재하다. 우리는 스스로 '경계선'을 설정하여 언제 어디서라도 이 선을 넘지 않도록 해야 한다.

005
즐거움은 단순하다

막대한 재산을 가진 지주가 있었다. 한시도 마음이 편치 못해 고민을 하던 어느 날, 가난하기 짝이 없는 머슴 하나가 항상 콧노래를 흥얼거린다는 사실을 발견했다. 자신의 고통이 돈에서 비롯된 것이 아닐까 짐작한 그는 실험을 해보기로 했다. 그는 바로 사람을 시켜 머슴의 집에 몰래 금화 보따리를 던져 놓았다. 지주의 추측은 정확히 들어맞았다. 그날 이후로 머슴은 더 이상 콧노래를 부르지 않았다. 하늘에서 떨어진 금화를 어떻게 해야 할지 몰라 냉가슴을 앓느라 더 이상 노래를 부를 수 없게 된 것이다.

골동품, 그림, 보석 등을 수집하는 데 열을 올리는 사업가가 있었다. 도난 방지를 위해 철통같은 보안 시스템을 설치한 그는 평상시에는 소장품들을 감상하지 않았다. 그러다가 파티를 열면 사람들에게 자랑을 하며 즐거워했다.

사업가는 어느 날 수집품들을 자신의 빌딩 청소부에게 보여 주고 싶은 충동을 느꼈다. 지하 금고에 들어간 청소부는 부러운 기색 하나 없이 여유롭게 감상했다. 금고실의 철문을 나온 청소부에게 사업가가 물었다. "어떤가? 이렇게 많은 예술품과 보석을 본 적이 없지?"

"그렇습니다. 나는 당신처럼 부유하고, 당신보다 더 행복합니다."

부자는 청소부의 대답이 너무 엉뚱하여 그 이유를 물었다. "나는 당신이 가진 보물을 보았으니 똑같이 부유한 것 아닙니까? 게다가 나는 저런 물건들을 잃어버릴까 밤잠을 설칠 필요도 없으니 당신보다 훨씬 행복하다고 하겠지요?"

한 만두 가게의 주인은 매일 세 번, 한 번에 120개의 만두를 쪘다. 그중에서 100개는 팔고, 20개는 가난한 노인과 아이들에게 나눠 주었다. 손님이 많을 때는 만두가 모자랐지만 주인은 예외 없이 20개의 만두는 팔지 않았다.

손님들이 만두를 달라고 하면 그는 "이것은 팔지 않아요!"라고 단호히 거절했다. 그럴 때 그의 검은 얼굴에서는 광채가 났다.

주는 것 자체가 일종의 즐거움인 것이다.

독일의 철학자 쇼펜하우어는 인간이 겪는 고통의 근원은 욕망이라고 했다. 인생은 욕구에서 욕구로 이행할 뿐, 만족으로 점철되지 않는다. 욕망은 끝이 없으므로 단순하고 소박하게 살면서 족함을 알면 항상 즐거울 수 있다.

당신은 날씨를 마음대로 바꿀 수 없지만 기분은 바꿀 수 있다. 당신은 외모를 바꿀 수는 없지만 스스로를 연출할 수는 있다. 당신은 항상 승리할 수 없지만 어떤 일에 최선을 다할 수는 있다. 즐거움은 원래 이렇게 단순하다.

즐거움은 항상 우리 곁에 있다. 즐거움은 만족의 미소이고, 진심에서 우러나는 악수이고, 마음을 털어놓는 대화이고, 예상치 못했던 사람과의 만남과도 같다. 또한 힘든 사람에게 도움을 주고, 슬플 때 위로해 주고, 절망한 사람에게 희망을 주는 것이다. 타인의 즐거움을 함께 나누고, 그의 즐거움을 공감하는 것 역시 즐거움이다.

즐거움은 따뜻한 가족애, 진실한 우정, 낭만적인 사랑이다. 즐거움은 인간 세상의 모든 진실한 마음이다. 즐거움은 만족을 알고, 감사의 마음을 가지는 것이다. 즐거움은 삶을 사랑하고, 매일 희망을 품고, 세상의 아름다움과 경이로움에 대한 기대를 잃지 않는 것이다.

즐거움이란 단순하기 짝이 없다. 생활 속에는 늘 즐거움이 있다. 다만 즐거움을 발견하는 눈과 마음이 없을 따름이다.

006
목표 때문에 길을 잃다?

이익을 탐하는 욕망은 순식간에 목표로 둔갑한다. 그리고 사람들은 흔히 자신이 설정한 목표의 함정에 빠지곤 한다.

우리는 매일 크고 작은 목표를 갖게 되고, 인생의 매 단계에는 다양한 목표가 존재한다. 셀 수 없이 많은 목표, 계획, 계산 등은 한 사람의 사고방식, 심리, 행동을 지배한다. 그런데 스스로 만든 목표에 맹목적으로 집착하면 초조감, 긴장, 불안, 분노 따위의 감정에 사로잡히게 된다. 달리 말해 '목표의 지뢰밭'에 잘못 발을 내디딘 것이다.

어떤 일에서 실패하면 사람들은 방법이 틀렸던 것은 아닌지 검토하고, 왜 목표를 달성하지 못했는지 자책하며 괴로워한다. 이는 '목표의 지뢰밭'에 발을 헛디딘 것이다. 문제는 자신이 선택한 방식에 대해서는 많은 생각을 하지만, 이런 생각을 하는 목적이 무엇인지 망각한다는 데 있다.

인생에 목표가 없어서는 안 되지만, 목표에 집착해서도 안 된다. 목표는 항상 확실하고 옳아야 한다. 비뚤어진 목표는 적시에 수정하고, 끊임없이 새로운 목표를 세워야 한다.

목표를 검토하기 위해서는 다음의 세 단계를 거쳐야 한다.

첫째, 자신의 목표가 근본적으로 어떻게 생겨난 것인지 숙고해 볼 필요가 있다. 이런 숙고 없이 실현할 생각만 하면 목표에 매몰된다.

목표의 근간은 욕망과 이익을 추구하는 데에 있다. 그러므로 자신의 다양한 목표나 목적에 대해 사고할 때는 자신의 이익이 무엇이고, 전체 인생에서 추구하는 이익이나 가치관이 무엇인지 확실히 인식할 필요가 있다.

둘째, 목표 실현의 방법을 구상한다. 모든 목표는 실현 과정이 중요하고, 그 과정이 충동적인 욕망에 의해 좌우되어서는 안 된다.

셋째, 실천 과정과 목표가 제대로 된 것인지 검토할 때는 방법뿐만 아니라 자신이 처한 상황을 객관적으로 파악해야 한다.

욕망은 주관적이지만 자신이 처한 상황은 객관적이다. 목표를 반드시 달성해야 한다는 생각에 집착해서는 안 된다. 그 대신 목표를 실현하는 과정과 자신이 어떻게 욕망을 조절하고 있는지를 전반적으로 살펴봐야 한다. 이 단계를 거쳐야만 목표는 합리적이고 실현 가능한 것이 된다.

한 사람의 목표란 그 실현 여부와 상관없이 자신의 '노력, 실천, 발전'의 방향을 의미한다는 데에 그 가치가 있다.

007

고민의 절반은 상상의 산물

쓸고 분 듯이 가난한 농부가 일할 생각도 하지 않고 빈둥거리고 있었다. 다들 농사를 짓느라 정신없이 바쁜데도 나무 그늘에 누워 노랫가락이나 뽑고 있는 그를 보고 친구가 한 마디 했다. "너 그렇게 살면 안 된다!"

농부가 물었다. "뭐라고? 어떻게 살아야 하는데?"

"너는 다른 사람들보다 더 열심히 일을 해야 돼. 봄에는 게으름 피우지 말고, 여름에도 더위를 무서워하지 말고 새벽부터 밤까지 열심히 농사를 지어야지."

"그런 다음에는?"

"열심히 일하면 가을에 많은 수확을 할 거야. 그것을 아껴서 장에 내다 판 돈으로 논과 밭을 사는 거야. 땅이 많으면 더 많은 곡식을 거둘 수 있고, 그러면 다시 땅을 살 수 있으니까 세월이 어느 정도 흐르면 너도 부자가 될 거야. 부자가 되면 대궐 같은 집에 살면서 일꾼들을 부리며 편안하게 살 수 있지."

"부자가 돼서 편안하게 살 수 있게 된 다음에는?" 농부가 다시 물었다.

"그때야 너 하고 싶은 대로 살면 되지. 일꾼들이 농사일을 할 테니까 너는 맘 편하게 나무 그늘에서 빈둥거려도 뭐라고 할 사람이 없겠지."

"그래, 지금 나는 이렇게 편안하게 쉬고 있잖아!"

성실하게 미래를 대비하는 것도 중요하지만 때로는 지나친 욕심과 근심을 접고 현재를 즐기는 여유 또한 필요하다. 번뇌는 근시안적인 사고에서 기인한 일종의 정신적 질환이라 할 수 있으므로 되도록이면 멀리 보는 안목을 갖춰야 한다. 눈길을 넓고 먼 곳에 두면 우리의 발밑은 더욱 공고해지고, 마음도 훨씬 편안해진다.

괴로운 심사를 토로하는 친구들을 보면 우리는 이런저런 말로 위로를 한다. 위로의 말들을 요약하면 별것 아니라 내일은 한결 나아지리라는 것이다. 하지만 막상 자신이 고민에 빠졌을 때는 어떻게 해야 할지 모르고 발을 구르다 습관적으로 마음이 맞는 친구에게 전화를 건다. 통화의 내용은 괴로운 심정을 털어놓는 것이 고작이다. 우리는 왜 스스로를 다스리지 못하고, 왜 좀 더 똑똑하게 고민하지 못하는가?

아마도 자신의 고뇌는 너무나도 절실하고, 영원히 해결할 수 없는 것으로 느껴지기 때문일 것이다. 그러나 심리학자들은 현실에서 사람들이 겪는 고민이나 문제들의 절반가량은 자신의 머릿속에서 만들어 내는 상상의 산물이라고 한다. 나머지 절반의 문젯거리만이 지혜와 에너지를 모아서 해결해야 할 것들이다.

바꿀 수 없는 일로 고뇌하는 사람은 어리석다. 깨달음을 얻으면 우리의 마음에는 광명이 찾아든다. 성게는 오징어의 공격을 받으면 창자를 꺼내 주고 도망을 쳐서 목숨을 건진다. 도마뱀은 꼬리를 잘라서 적에게 던져 주어 위기에 대처한다. 어쩔 수 없을 때에는 한 발 물러서면 된다. 성게와 도마뱀은 더 중요한 것이 무엇인지 알기 때문에 절체절명의 순간에 당황하지 않는다. 우리는 너무 많은 생각을 하기 때문에 무거운 짐을 짊어지고 괴롭다며 절규하는 것이다.

008
인생이란 마라톤을 완주하는 법

인간이 두 번 살 수 있다면 별로 좋지 않을 것이다. 무엇보다도 삶의 의미가 절반은 줄어들 것이다. 그다음으로, 두 번의 인생으로도 만족하지 못하고 제3, 제4의 인생을 원하게 될 것이다. 생명의 소중함은 단 한 번이라는 데 있는 것이고, 모든 성공과 실패는 시간의 흐름 속으로 사라지므로 되돌릴 수 없다. 수많은 아쉬움으로 인해 인생의 가치는 더욱 빛나는 것이다. 그러므로 삶이 한 번 더 있다면 다른 하나는 부정당하게 된다.

인생에서 오롯이 자신의 몫인 시간은 많지 않다. 우리는 대부분의 시간을 반복적인 일을 하는 데 허비하거나, 타인과 관련된 생활에 할애해야 한다. 심지어 어떤 사람들은 남들처럼 사는 것을 목표로 삼기도 한다.

마라톤과 같은 인생을 세 가지 요소로 압축하면 '목표, 마음속의 바람, 체력'으로 나눌 수 있다. 속도를 내지 않아도 될 때 너무 속도를 내면 정말 중요한 때에 오히려 경쟁자들보다 뒤처지게 된다. 이와는 반대로 스퍼트를 해야 할 때를 놓치면 영원히 기회를 잃을 수도 있다. 가장 중요한 사실은 삶이라는 마라톤에서는 속도와 상관없이, 어떤 이유나 변명도 늘어놓지 말고 끝까지 달려야 한다는 것이다. 하지만 우리는 안타깝게도 마라톤을 끝낸 다음에야 인생을 달리는 법을 깨닫는다.

완벽한 인생을 사는 사람은 없다. 우리는 먼저 자신의 삶을 자리매김해서 생활의 중심을 잡아야 한다. 자신의 능력, 두뇌, 운 등이 어떤가를 냉철하게 파악하면 타인을 대할 때에 평정을 유지하고, 자신이 겪는 부침과 영욕을 객관적으로 직면할 수 있다.

서른 살을 이립而立, 마흔 살을 불혹不惑, 쉰 살을 지천명知天命이라 한 것은 인생의 각 단계에 걸맞은 슬기로운 사고방식을 가져야 한다는 의미이기도 하다. 청소년 시절은 사나운 물결이 넘실대는 호수와 같으며, 이 시기에는 가벼움과 환희로 가득 찬 정신세계를 가진다. 그렇지만 청춘은 그야말로 눈 깜짝할 사이와도 같아서, 그 소중함을 깨달았을 때는 이미 사라지고 없다.

중년은 안정적이며 일에서 어느 정도 성과를 거둔 때이다. 성숙한 사고, 건강한 몸, 굳은 의지를 지니고 있고, 타인을 분발하게 만드는 충고를 할 수 있는 단계이다.

　노년은 삶의 정상이다. 인생의 모든 광경이 눈 아래 펼쳐져 있는 이 시기에는 넓은 가슴으로 인생을 관조하면서 세속적 가치에 초연할 수 있다. 노년은 인생에서 가장 평온한 시절이고, 이 평온함으로 자중 자애할 수 있다.

　자신에게 주어진 자원을 합리적으로 분배하고 계발하면 일과 사람을 대하는 태도가 결정되고, 자신만의 독특한 영역을 개척할 수 있다. 끊임없이 인생의 좌표를 수정하면서 스스로의 행동을 절제하고 평상심을 유지할 때 알찬 인생이 펼쳐진다.

No. 1 This is life!

A · Acknowledging(감사), 나에게 주어진 모든 것에 감사한다.

B · Belief(신념), 모든 일에 굳은 신념을 가진다.

C · Confidence(믿음), 자신을 믿어야 한다.

D · Dreaming(꿈), 심심할 때 조금은 황당한 꿈을 꾸는 것도 괜찮다.

E · Empathy(공감), 상대의 입장에서 생각해 보는 습관을 들이자.

F · Fun(재미), 지금 가지고 있는 것들을 즐겨라.

G · Giving(베풀기), 내가 가지고 있는 것을 주위 사람들과 함께 나누자.

H · Happiness(행복), 자신의 삶과 일에 만족한다.

I · Imagination(상상력), 상상의 나래를 펴고 꿈을 추구하라.

J · Joy(기쁨), 당신의 기쁨을 주위에 전파하라.

K · Knowledge(지식), 끊임없이 다양한 지식을 습득하라.

L · Love(사랑), 사랑의 마음을 표현하라.

M · Motivation(자극), 스스로를 자극하여 한계를 초월하라.

N · Nice(선량한), 낯선 사람에게도 선의를 가져라.

O · Openness(개방성), 마음을 열고 새로운 것들을 받아들여라.

P · Patience(인내심), 인내는 승리와 성공을 보장한다.

Q · Quiet(고요), 여유가 생기면 한적한 공간을 찾아가 스스로를 되돌아보라.

R · Respect(존중), 자신과 다른 인종, 종교, 문화, 가치관 등을 존중하라.

S · Smile(미소), 절망적인 상황에서도 미소를 잃지 마라.

T · Trust(신뢰), 자신, 친구, 지인 모두를 신뢰하라.

U · Unity(조화), 모든 사람들과 사이좋게 공존하라.

V · Victory(승리), 아주 작은 승리라도 기뻐하고 즐겨라.

W · Wait(기다림), 끈기를 가지고 기다리면 행운이 찾아온다.

X · Xfactor(미지의 요소), 자신과 타인에게서 잠재력을 찾아낸다.

Y · Yes(긍정), 도전을 적극적으로 받아들이고, 모험정신을 잃지 않는다.

Z · Zest(열정), 열정을 가지고 최선을 다하여 생의 정점에 서도록 한다.

02
순도 100%의 알짜만 상대하라

　　인간의 도리를 논하면서 특별히 강조할 만한 덕목은 솔직함이다. 마음이 솔직한 사람은 진리의 편에서 모든 진실을 보고, 세상을 사는 방법을 터득할 수 있다.

　사심 없이, 거리낌 없이 행동할 수 없는 이유는 많다. 그중에서도 솔직할 수 없는 가장 주요한 이유는 자신의 욕망, 이익, 입장 때문이다. 진실을 왜곡한 채 타인과 충돌함으로써 인간은 불운해진다. 그러므로 이제부터라도 과거의 생각과 생활 방식을 떨치고 솔직한 마음을 키워야 한다.

　솔직하다는 것은 인간이나 시세에 영합하거나 여론을 맹종하지 않는 자세이다. 진정한 솔직함이란 이기적인 마음이 없이 주관과 물욕에 지배당하지 않고 사물의 진면목을 통찰하는 것을 의미한다. 진솔한 마음이 있을 때 진실에 대한 믿음을 지키면서 세상을 대하는 방법을 알게 된다.

다시 말해 진솔한 사람은 옳고 그름을 판별하는 능력을 갖게 되므로 정의와 불의의 경계에서 자신이 가야 할 길을 찾아 정정당당하게 살 수 있다. 모든 사람이 솔직할 때 사회는 이성적으로 움직이면서 활기로 가득 차게 된다.

진실을 추구하는 사람은 외부의 잡음에 흔들리지 않고 자신이 선택한 일에 몰두하며 열정을 쏟을 수 있다. 진짜와 가짜를 구분할 줄 아는 그들은 의미 없는 일에 자신의 시간을 낭비하지 않는다.

가장 이상적인 삶의 자세는 현재를 사는 것이다.
앞만 보거나 뒤를 돌아보는 사람은 지금 이 순간을 영원히 잃게 된다.

001
인생의 정답은 솔직함

지식은 인간이 솔직하지 못하게 훼방을 놓는다. 사실 모든 사람은 이미 내면에 솔직함을 갖고 있지만 표현하지 못함으로써 이 값진 인성을 사장시키곤 한다.

솔직하지 못한 이유 중의 하나는 생활 속에서 많은 구속을 당하기 때문이다. 어린 아이들은 외부의 영향을 별로 받지 않으므로 천진무구하고 순결한 마음을 간직한다. 그러나 나이를 먹으면서 체험이 많아지고 지식이 늘어감에 따라 솔직함은 점차 사라지게 된다. 어른들은 흔히 지식이나 요령, 위선 등으로 욕구를 충족하면서 무리수를 두고 비난을 모면한다.

예를 들어 거짓말을 하지 말라는 부모의 가르침을 아이들은 처음에는 잘 받아들인다. 하지만 성장해 가면서 질책당하지 않기 위해, 혹은 동정이나 주목을 받기 위해 거짓말을 한다. 당연히 자신의 잘못도 인정하지 않는다.

인도의 한 정치가가 유명한 수행자를 찾아가 원망을 늘어놓았다.

"당신은 나에게 마음을 가라앉히고 기도를 하라고 했소. 나는 그대로 했는데 아무런 계시나 깨달음도 얻지 못했소이다."

마침 그때 소나기가 쏟아지기 시작했다. 수행자는 정치가를 물끄러미 바라보다 "밖에 나가 10분 동안 서 있어 보시오."라고 했다.

"비가 저렇게 많이 오는데 거리에서 그걸 다 맞으라고요?"

"그렇게 해보시오. 그러면 당신은 뭔가를 깨달을 거요."

정치가는 10분만 참으면 된다고 마음먹고 거리에 나가 비를 맞았다. 그 모습에 몰려든 사람들이 왜 저렇게 바보처럼 비를 맞느냐고 수군댔다.

집으로 들어온 정치가는 소리를 질렀다. "아무 일도 일어나지 않았어요! 당신은 나를 속였어요!"

수행자가 물었다. "당신의 느낌이 어떤지 말해 보겠소?"

"멀뚱하게 비를 맞고 있는 나 자신이 천하의 바보처럼 느껴졌소!"

"그것이 바로 큰 깨달음이자 계시입니다. 겨우 10분 만에 자신이 바보라는 사실을 알았으니 대단한 깨달음이 아니오?"

반복되는 생활 속에서 당신은 자신이 도대체 무엇을 하고 있는지 생각해 본 적이 있는가? 자신의 내부에 잡초가 자라고 있지는 않은지 살펴보라. 자성自省은 지혜의 학교이다.

솔직한 마음은 천성이지만 지혜와 지식이 쌓이고 사심이 지배하면 솔직함을 잃게 된다. 이를 잃으면 대립, 싸움, 오해, 증오, 의심, 배척 등의 부정적인 심리와 행동이 생겨난다. 그러므로 우리는 항상 반성을 하면서 사라져 가는 솔직함을 되찾아야 한다.

002
솔직함의 다섯 가지 요소

솔직함의 중요성을 안다고 해도 그 본질을 이해하지 못하면 행동으로 옮길 수 없다. 솔직함은 다음의 다섯 가지 요소를 지닌다.

이기심 지우기

솔직함은 사리사욕이 배제된 마음이다. 생존을 위해서는 이기심과 욕망을 버리기 힘들다. 하지만 자신을 이기심과 사리사욕의 노예로 전락시켜서는 안 된다. 실제로 이기심으로 뭉친 사람들은 궁극적으로 자업자득의 늪에 빠지곤 한다.

겸허하게 배우고 경청하는 자세

솔직한 사람은 겸허한 태도로 다른 사람의 의견이나 경험에 귀를 기울일 줄 안다. 그리고 스펀지처럼 쉽게 지식과 경험을 흡수한다.

사람을 품는 관용

모든 사람과 일을 받아들일 수 있는 아량은 솔직함이 있을 때 발휘된다. 관용이란 넓은 가슴으로 타인을 용납하고, 잘못을 용서하는 것이다. 사람들은 자신의 잘못은 자각하지 못한 채 상대의 작은 과실을 용서하지 못하고 격렬하게 비난하곤 한다. 사실 이런 비난은 잘못을 고치게 하는 효과는 거의 없고, 소통 부재로 인한 좌절감만 느끼게 만든다. 사람들이 지닌 각기 다른 개성과 성격은 나름의 존재 이유를 가지므로 자신의 기준으로 남들을 평가해서는 안 된다.

정확한 가치 판단

선악이나 가치를 판단하는 능력은 솔직함에서 생겨난다. 누군가가 좋은 의견을 내놓았을 때 당신은 세 가지 태도를 취할 수 있다.

첫째, 감사한 마음으로 받아들이고 실천한다.

둘째, 받아들이지 않을 뿐만 아니라 상반된 의견을 고집한다.

셋째, 거절할 뿐만 아니라 상대의 호의에 의심을 품는다.

솔직한 사람은 당연히 첫 번째 태도를 보일 것이다.

유연한 태도

사심 없이 솔직한 사람들은 어떤 일에도 구속받지 않고 집착하지 않기에 융통성을 충분히 발휘하게 되고 적극적으로 행동하게 된다. 유연한 사고와 적극적인 행동력을 가진 사람은 비관적인 상황을 낙관적으로 인식하는 능력이 있으므로 어떤 어려움도 극복할 수 있다.

003
열정이 변화의 엔진이다

월남전 당시 미국의 윌리엄 웨스트멀랜드 장군이 특수부대를 사열할 때의 일이다. 장군은 사병들에게 낙하산 훈련을 받을 때의 느낌이 어떤지 일일이 물었다.

맨 처음 질문을 받은 사병은 "저는 낙하산 타기를 정말 좋아합니다."라고 했다.

두 번째 사병은 "낙하산 훈련은 제 인생에서 가장 중요한 경험입니다."라고 말했다.

장군은 사병들의 사기가 높다는 생각에 흡족해서 고개를 끄덕였다. 그런데 세 번째 사병은 "저는 낙하산을 좋아하지 않습니다."라고 대답하는 것이었다.

분위기가 갑자기 경색되자 장군이 "그러면 왜 낙하산 훈련을 자원

했는가?"라고 물었다.

"저는 낙하산 타기를 정말로 좋아하는 전우들과 함께하고 싶었습니다. 그들은 저를 변화시킬 수 있으니까요."

열정적인 사람들은 무슨 일을 하든지 자신의 직업을 신성한 천직으로 여긴다. 이들은 일에 대한 흥미가 대단하므로 어떤 어려움이 있더라도 조급하지 않은 자세로 목표를 위해 전진한다. 에머슨은 "유사 이래 위대한 업적 가운데 열정 없이 이뤄진 것은 하나도 없다."라고 말했다. 별로 새롭지 않은 말 같지만, 성공으로 가는 길에 꼭 필요한 이정표라 하지 않을 수 없다.

성공학의 아버지라 불리는 나폴레온 힐1883-1970은 열정이란 자신이 맡은 일에 대해 고무와 격려를 하는 의식이라고 했다. 열정은 개인에게만 힘을 주는 것이 아니라 전파력을 갖고 있다. 그러므로 당신의 말과 행동 더 나아가 의식 상태는 타인에게 영향을 끼친다. 스스로 열정으로 인해 자극을 받아 정신적인 파동이 일면, 그 파동은 주위 사람들의 의식 속에 전달된다. 특히 밀접하게 접촉하는 사람들에게는 더욱 더 그러하다.

만약 당신이 열정을 가지고 상품과 서비스를 팔거나 강연을 하면, 이런 '의식 상태'는 듣는 사람들에게 그대로 전달되어 판단의 자료가 된다. 실상 상대가 당신을 믿거나 의심하게 되는 가장 중요한 단서는 당신의 말투와 태도이다. 흔히 생각하는 말의 내용은 아닌 것이다.

열정과 인간의 관계는 마치 증기기관과 열차의 관계와도 같다. 즉 열정은 행동을 하게 만드는 중요한 추진력인 것이다.

열정을 키우는 방법은 매우 간단하다. 우선 자신이 좋아하는 일을 하는 것이다. 이것이 여의치 않으면 미래에 가장 좋아하는 일을 하겠다는 목표를 세우는 것이다.

성공과 성취의 원천인 열정과 의지력이 강할수록 성공의 확률은 높아진다. 열정은 무한한 잠재력을 발휘하게 한다. 자신의 꿈을 이야기하는 것을 부끄러워하지 마라. 원대한 꿈은 죄가 아니다. 그 꿈이 사회에 유익하다면 더욱 좋을 것이다. 당신의 꿈이 하늘을 날게 하려면 현실을 객관적으로 파악해야 한다. 먼저 확고한 목표를 세우고 실천할 과정을 설계해야 한다. 그리고 잠재적인 장애 요인과 위기도 고려해야 한다.

00**4**
불가능을 가능케 하는 몰입의 마술

빌은 시간이 나면 조류를 관찰하는 취미가 있었다. 숲과 가까운 집으로 이사한 날, 그는 새들이 모여들도록 마당에 모이통을 놓아두었다. 그런데 저녁 무렵 다람쥐들이 나타나 모이통 안에 있는 모이를 먹는 바람에 놀란 새들이 사방으로 흩어졌다. 다람쥐들 탓에 새들이 모이를 먹지 못하는 광경을 며칠 동안 관찰한 빌은 다람쥐를 쫓을 방법을 궁리했다. 하지만 2주가 지나도록 별 뾰족한 수를 생각해 내지 못했다.

어느 날 철물점에 간 빌은 다람쥐 쫓는 모이통을 발견했다. 모이통에는 철사로 된 망이 달려 있었다. 집으로 돌아온 그는 곧장 새로 산 모이통을 뒷마당에 놓아두고 다람쥐들이 나타나기를 기다렸다. 하지만 다람쥐들은 이번에도 유유히 모이를 먹는 게 아닌가. 다람쥐 때문에 새들이 여전히 모이통에 접근하지 못하자 그는 화가 나서 철물점으로 가 환불을 요구했다. 주인은 아무렇지 않은 듯 말했다.

"환불을 해드리죠. 하지만 당신은 이 세상에 정말로 다람쥐를 쫓는 새 모이통은 없다는 사실을 알아야 합니다."

기가 막힌 빌이 반문을 했다.

"말도 안 되는 소리 하지 마시오. 머리 좋은 과학자나 기술자가 얼마나 많은데 그런 모이통 하나 못 만든단 말이요? 그 사람들이 완두콩만 한 뇌를 가진 다람쥐를 당하지 못한다는 게 말이 됩니까?"

"선생님 말씀이 옳습니다. 그런데 제가 두 가지만 물어보지요. 먼저, 선생님은 다람쥐를 쫓는 방법을 하루에 얼마나 고민하십니까?"

"잘 모르겠지만 하루에 평균 10분에서 15분 정도는 생각할 겁니다."

"제가 짐작하는 바와 별 차이가 없군요. 그러면 두 번째 질문을 하겠습니다. 다람쥐들은 매일 얼마나 머리를 써서 선생님의 모이통 안에 있는 것들을 먹으려고 할까요?"

빌은 철물점 주인의 말뜻을 알아차렸다. 아마도 다람쥐는 한시도 쉬지 않고 먹이를 얻을 궁리를 할 것이다. 실제로 다람쥐는 자는 동안을 제외하고 하루의 98%를 먹이를 찾는 데 쓴다고 한다.

완전히 몰입할 대상이 있다면 우리는 어떤 상황에서도 흔들리지 않는 태도를 견지할 수 있다. 자신의 감각이 너무 예민하다고 느끼는 것은 과도하게 스스로에게 신경을 쓰기 때문이다. 이런 상태에 빠지지 않는 방법은 자신에 대해 생각하지 않는 것이다. 그러기 위해서는 다른 일, 즉 대체물을 찾아야 한다.

말할 나위도 없이, 집중과 몰입은 성공의 첫 번째 조건이다. 몰입은 한 가지 문제를 생각하는 데 몸과 마음의 에너지를 끊임없이 사용해도 싫증을 느끼지 않게 하기 때문이다.

어떤 사람이 발명왕 에디슨에게 물었다. "성공을 위한 첫 번째 조건은 무엇인가요?"

"어떤 문제를 생각하고 해결하는 데 완전히 빠져 있어도 지치지 않아야 합니다. 당신이 아침 7시에 일어나 밤 11시에 잔다면 열여섯 시간이나 일하는 셈입니다. 문제는 대부분의 사람들이 이 시간에 여러 가지 일을 한다는 것입니다. 하지만 나는 단 한 가지의 일만 합니다. 만약 사람들이 활동하는 시간을 한 가지 목적, 한 가지 방향을 위해서만 투자한다면 성공할 것입니다."

005
지금 이 순간을 살라

젊은 스님이 매일 아침 일찍 절 마당을 청소하는 일을 맡게 되었다. 해가 뜰 무렵이면 어김없이 일어나야 하는 것도 힘들었지만, 무엇보다도 늦가을에 비처럼 쏟아지는 낙엽을 쓸어내기란 보통 고역이 아니었다. 어느 날 청소를 마친 스님은 심신이 좀 편해질 방법을 찾기 위해 머리를 굴렸다.

얼마 후 한 연배가 높은 스님이 그의 속마음을 눈치 채고 충고를 해주었다. "내일은 마당을 쓸기 전에 힘껏 나무를 흔들어서 나뭇잎을 떨어뜨려라. 그러면 모레는 낙엽을 쓸 일이 없을 거야."

다음 날 충고대로 행한 젊은 스님은 뿌듯한 기분으로 하루를 보냈다.

그런데 그다음 날 그는 낙엽이 어제만큼이나 많이 떨어져 있는 것을 보고 기가 막혔다. 사정을 들은 노스님이 한마디 했다.

"멍청한 놈, 네가 오늘 아무리 용을 써서 나무를 흔들어도 내일이면 또 나뭇잎이 바람에 떨어지느니라."

이 일을 통해 젊은 스님은 중요한 깨달음을 얻었다. 세상에는 미리 할 수 없는 일들이 많으므로 성실하게 이 순간을 사는 것이야말로 진정한 삶의 자세라는 사실을. 내일 일을 걱정하기보다는 오늘을 잘 보내는 것이 무엇보다 중요하다.

선에 막 입문한 비구가 많은 의문을 털어놓았다.

"스승님, 영혼은 우리의 몸이 죽은 후에도 여전히 존재합니까? 죽으면 모든 것이 다 사라집니까? 인간은 정말로 내세에 환생을 합니까? 우리의 영혼은 여러 개로 나뉘어져 계속 윤회를 하는 것인지, 아니면 온전히 하나의 생명체에 그대로 들어가는 것인지요? 윤회설은 허구에 불과한 것이 아닌지요? 어쩌면 기독교의 죽어서 영원한 삶을 누린다는 믿음이 진실인지 모르겠습니다. 만약 그렇다면 우리는 정말로 죽었다가 부활을 합니까?"

노스님의 대답은 지극히 간단했다.

"빨리 먹어라. 죽이 벌써 식어 버렸다."

위의 대화는 '지금 이 순간을 살라'는 선의 요체를 잘 보여 주고 있다. 오늘 아침 식사는 그 어떤 낙원이나 천국보다 중요하다. 그것은 신, 윤회, 영혼, 내세 그리고 무의미한 말들과는 비교할 수 없이 중요하다. 아침밥을 먹는 것은 살아 있는 우리가 바로 이 순간, 이곳에서 할 수 있는 가장 중요한 일인 것이다.

일행一行 선사는 이렇게 갈파했다.

"미래의 일에 끌려 다닌다면 영원히 현재를 살 수 없다."

일상에 관심을 기울이면 소소한 일들에도 가치를 두게 되고, 그 과정에서 생활의 아름다움을 보게 된다. 가장 이상적인 삶의 자세는 현재를 사는 것이다. 앞만 보는 사람은 미래를 사는 것이고, 뒤를 돌아보는 데 정신을 빼앗기는 사람은 과거에 발목을 잡혀 사는 것이다.

생활은 많은 사람과 잡다한 일들로 이루어진 것이다. '만물을 조용히 바라보면 그 이치를 터득하게 된다萬物靜觀皆自得'는 〈권학문勸學文〉의 한 구절처럼 생활에 충실하면 인간과 사물의 변화를 통해 깨달음을 얻게 된다. 이와는 반대로 현재에 마음을 두지 않고 과거에 연연하거나 미래에 대한 걱정에 사로잡힌다면 아름다운 이 순간을 놓치고, 생활의 멋과 재미도 느낄 수 없다.

006
부레 없는 물고기의 생존 전략

집안이 가난해서 학교를 제대로 다니지 못한 젊은이가 도시로 나가 일자리를 찾았다. 학력이 없다 보니 사람들로부터 무시만 당하던 그는 도시를 떠나려고 결심했는데, 문득 유명한 은행가인 로스에게 편지를 써야겠다는 생각이 들었다. 그는 편지에 운명이 너무 가혹하다며 '돈을 좀 빌려 주시면 진학을 하고, 좋은 일자리를 찾겠습니다'라고 썼다.

편지를 부치고 모텔에서 며칠을 기다리던 그는 답신을 받았다. 그런데 기대와는 달리 로스는 동정을 표하는 말은 전혀 없이 다음과 같은 이야기를 들려주었다.

'바다에 사는 수많은 물고기 가운데 유독 상어만 부레가 없다. 부레가 없으면 물고기는 해저로 가라앉기 때문에 잠시라도 멈추면 죽게 된다. 그래서 상어는 태어나면서부터 쉬지 않고 움직여야만 하고, 그 결과 몇 년 뒤에는 바다 동물 중 가장 힘이 센 강자가 된다.'

로스는 이 도시는 거대한 바다이고, 대학 졸업장을 가진 사람들은 수두룩하지만 그중에서도 성공하는 경우는 아주 드물고, 당신은 부레가 없는 물고기와 같다고 했다.

그날 밤 그는 로스의 편지를 생각하며 잠을 이루지 못했다. 다음 날 그는 생각을 바꿔 고향으로 돌아가지 않고, 모텔 주인에게 밥만 먹여 주면 이곳에서 일을 하겠다고 말했다. 주인은 흔쾌히 승낙했다. 10년 후에 이 청년은 미국이 부러워하는 거부가 되었고, 로스의 딸과 결혼했다.

오랫동안 소극적으로 살다 보면 아무 일도 이루지 못하고, 자신감은 물론이고 삶에 대한 의욕마저 상실하게 된다. 그러므로 적시에 자신의 문제점을 파악하여 고쳐야 한다.

생존력에 관한 유명한 실험이 있다. 두 마리의 흰쥐를 물통에 넣으면 살기 위해 안간힘을 쓴다. 이 쥐들은 8분 정도 버텼다. 얼마 후 같은 통에 다른 흰쥐 두 마리를 넣고, 5분 뒤에 쥐들이 딛고 올라올 수 있는 물건을 넣어 주었다. 그 결과 쥐들은 물속에서 탈출했다. 며칠 후 발판을 딛고 나왔던 쥐들을 같은 물통에 넣자 24분을 견디는 놀라운 결과를 보였다. 평상시에 버틸 수 있는 시간보다 3배를 더 견딘 것이다.

첫 번째 실험한 쥐들은 스스로의 체력으로 살아남았다. 그런데 두 번째 실험한 쥐들에게는 더 버틸 수 있게 한 힘이 있었다. 그것은 바로 때가 되면 구해 줄 무엇이 있다는 믿음이다. 다시 말해 살아남을 수 있다는 희망을 가지고 적극적으로 스스로를 구하려 노력한 것이다.

만약 당신이 삶을 바꾸겠다고 생각한다면 먼저 스스로를 바꿔야 한다. 당신이 낙천적이고 적극적인 태도를 가지고 있다면 많은 문제들이 어렵지 않게 해결될 것이다.

007
현재 가진 것을 소중히 여겨라

미국의 한 동물원에서 하마를 사육할 젊은 조련사를 고용했다. 선배 조련사는 하마가 잘 자라게 하려면 먹이를 너무 많이 주지 말라고 했다. 젊은 조련사는 이 말을 납득할 수 없었다.

그는 선배의 말을 무시하고 하마가 잘 자라도록 최대한 많은 먹이를 주었다. 사람들은 이 사육사가 하마를 몹시 아낀다고 생각했다.

두 달 후 신입 사육사는 하마가 좀처럼 자라지 않는다는 사실을 발견했다. 이에 비해 선배 사육사가 먹이를 별로 주지 않는 하마는 하루가 다르게 커졌다. 그는 두 마리 하마가 체질이 다르다고 생각했다. 선배는 이유를 설명하지 않고 자신과 같이 하마를 키우라고 충고했다. 얼마 후 선배가 키우는 하마는 신입 사육사의 하마보다 훨씬 많이 자랐다. 궁금증을 견디다 못한 그는 선배에게 자신의 하마가 잘 자라지 않는 이유를 설명해 달라고 했다.

"자네가 사육하는 하마는 먹을 것이 전혀 궁하지 않으니까 잘 먹지 않아서 안 자라는 걸세. 하지만 내가 키우는 놈은 먹이가 늘 모자라니까 매끼마다 던져 주는 먹이를 아주 아끼고 잘 먹어서 무럭무럭 자란 거지."

일본의 어느 동물원에서 오랫동안 원숭이를 키운 사육사가 있었다. 그는 먹이를 원숭이에게 직접 주는 것이 아니라 나무 밑의 구덩이에 숨겨 놓았다. 그러면 원숭이는 하루 종일 머리를 굴리다 나뭇가지로 구덩이를 파서 먹이를 찾아냈다.

이 모습을 본 사람들이 왜 그런 방법으로 먹이를 주느냐고 물었다. 사육사는 먹이가 영양은 있지만 맛이 없기 때문에 원숭이에게 그냥 주면 거들떠보지도 않았다고 했다. 그래서 그는 원숭이가 먹이를 힘들게 찾아 먹도록 했던 것이다.

두 가지 사례는 인생의 진리를 가르쳐 준다. 그것은 바로 평소에 쉽게 얻을 수 있는 것보다는 노력해야만 얻을 수 있는 것이 더욱 값지다는 사실이다.

사람들을 돕는 것을 낙으로 생각한 사나이가 죽어서 천사가 되었다. 그는 행복감을 느끼기 위해 자주 인간 세상에 내려와 사람들을 도왔다.

어느 날 천사는 몹시 지친 농부를 보았다. 농부는 밭일을 하는 소가 죽어서 힘이 들어 죽겠다고 호소했다. 천사는 힘센 소를 한 마리 선물했다. 소를 갖게 된 농부가 기뻐하는 모습을 보고 천사는 기분이 좋아졌다. 며칠 후 천사는 길에서 울고 있는 한 사내를 발견했다. 우는 이유를 묻자 사내는 돈을 사기 당해 고향으로 돌아갈 수 없다고 했다. 천사는 그가 집으로 돌아갈 수 있도록 여비를 주었다. 사내가 고마워하는 모습에 천사는 흐뭇했다.

그다음으로 천사가 만난 사람은 시인이었다. 젊고 잘생긴 시인은 재주도 많고 부자였다. 게다가 그에게는 아름답고 착한 아내도 있었다. 하지만 시인의 표정은 우울하기 짝이 없었다. 천사가 그 이유를 묻자 그는 "나는 모든 것을 가졌지만 행복하다고 느낄 수가 없어요."라고 대답했다. 천사는 한참을 생각하다 시인의 재능을 빼앗고, 얼굴에 큰 상처를 내고, 파산하게 만들고, 아내를 죽게 만들었다. 그리고 천사는 아무 말 없이 하늘로 올라갔다.

한 달 후 천사가 시인을 찾아가 보니 남루한 차림새에 거의 굶어죽을 지경이 되어 고통스러워하고 있었다. 천사는 시인이 예전에 가졌던 것들을 돌려준 뒤 보름 후 다시 시인을 보러 갔다.

아내를 사랑하는 모습이 역력한 그는 천사에게 몇 번이고 고맙다는 말을 했다. 시인은 마침내 행복이 무엇인지 깨달았던 것이다.

세상에서 가장 좋고 값진 것이 무엇인가 하는 물음에는 정해진 답이 없다. 하지만 우리에게서 가장 멀리 떨어져 있고, 얻기 어려운 것이 최고로 값지다는 사실을 부인할 수 없다. 어쩌면 그것은 우리가 진정으로 원하는 것이 아닐 수도 있다.

예를 들어 우리는 때로 원하는 것을 얻기 위해 엄청난 대가를 치르곤 한다. 하지만 시간이 흐른 뒤에 그토록 가지려 했던 것이 별 가치가 없다고 느끼고는 방치하거나 버린다.

당신에게 잃을지도 모르는 행복이 있다는 사실은 이미 충분히 행복하다는 의미이다. 행복을 가로막는 최대의 장애물은 너무 큰 기대이다. 사람들은 흔히 주어진 행복을 보지 못하고, 현재의 생활을 소중히 여기지 않는다. 행복이란 부족함을 느끼지 않는 바로 그 마음가짐이다.

행복의 정복

- 과거에 대해서는 최소한의 후회를, 현재에는 최소한의 낭비를, 미래에 대해서는 최대한의 꿈을 꾸어라.

- 행복할 때 이 행복이 영원하지 않다고 생각하라. 고통스러울 때 이 고통은 끝이 있다고 믿어라.

- 분명히 후회할 일에 당신의 생명을 낭비하지 마라.

- 당신의 지혜에 오만함이 깃들지 않게, 겸허함 속에 지혜가 결여되지 않게 하라.

- 싫어하는 사람을 생각하는 데 1분 1초도 쓰지 마라.

- 하늘이 내게 준 것에, 주지 않은 것에 모두 감사하라.

- 대다수의 사람들은 평생 세 가지 일만 한다. 그것은 바로 스스로를 속이고, 남을 속이고, 속임을 당하는 것이다.

- 인생에서 중요한 것은 서 있는 위치가 아니라 가려는 방향이다.

- 어리석은 자는 남에게 이해받으려 하고, 지혜로운 사람은 자신을 이해하려 한다.

- 용감한 사람은 기회를 만들고, 어리석은 사람은 기회를 기다린다.

- 자비심은 당신의 가장 강력한 무기이다.

- 행복해지는 최상의 방법은 가지고 있는 것을 소중히 여기고, 소유하지 못한 것들은 잊는 것이다.

- 모든 거목이 비바람에 꺾이는 것은 아니다. 모든 씨앗이 뿌리를 내릴 토양을 찾지 못하는 것은 아니다. 모든 사랑이 마음속의 사막으로 사라지지는 않는다. 당신의 목소리에 반향이 없더라도 사랑의 마음을 전파하면 희망을 수확할 것이다. 약간의 희망을 심으면 당신은 큰 행복을 거둘 것이다.

03
교훈을 얻을 때까지 실패는 거듭된다

치열한 경쟁을 하면서 평탄하지 않은 인생을 살다 보면 성공과 실패를 거듭하게 된다. 모든 인간은 성공을 원하지만 실패를 피해갈 수는 없다. 성공한 사람 뒤에는 실패의 눈물을 삼키는 사람이 있을 뿐 평화로운 무승부는 기대하기 힘들다. 그래서 성공과 실패는 인생이라는 긴 강물에 끊임없이 일어나는 물보라처럼 공존한다.

싸움에서 승리하는 자는 축하받을 자격이 충분하지만, 연전연승하는 영웅은 전설 속에나 있을 뿐이다. 패배자는 탄식을 자아내지만 계속 패하고도 다시 일어선다면 패배도 수치스러운 것이 아니다.

실패를 성공으로 전환하고, 성공이 실패로 역전되지 않으려면 원인을 분석하고 전기를 마련하려는 노력이 필요하다. 승리에 교만하지 않고 패배에 의기소침하지 않는 태도를 갖추는 것은 물론이고, 상황과 기회, 성공하는 방법 등 제반 요소들을 철저히 연구해야 한다.

무엇보다도 뇌리에 새겨 두어야 할 것은 '예비'하는 자세와 '한결

같이' 밀고 나가는 행동력이다. 전략적인 안목, 조사와 연구, 기획, 지피지기를 통한 임기응변 등의 준비를 해둔다면 명실상부하게 유비무환이 될 것이다. 실패했을 때는 눈앞의 것만을 보느라 장기적인 흐름을 놓치지 않도록 해야 한다. 또한 성공했을 때에 위기에 대한 감각을 잃고, 변화를 추구하지 않고 자신을 돌아보지 않으면 남들로부터 비난을 받기 쉽다.

'한결같이' 행동한다는 것은 신념과 인내력, 지치지 않는 노력으로 목표를 위해 매진함을 의미한다. 실패 후에는 반드시 실패의 원인을 점검하여 재기하려 해야지, 중도에 포기를 해서는 안 된다.

성공과 실패는 동등한 가치이고, 인생의 다반사이다. 승리의 기쁨, 패배의 우울함은 잠시에 불과하다. 전체 인생을 놓고 볼 때 성공 앞에서 이성을 잃지 않고 패배 앞에 각성을 하면, 실패는 성공의 발판이 되고 성공은 무거운 부담이 되지 않는다.

실패는 성공의 어머니라는 말은,
실패 속에 이미 성공의 씨가 뿌려졌다는 뜻이다.

001
제대로 패하는 자는 망하지 않는다

강연회에서 유명 강사가 무대에 서자마자 20달러짜리 지폐를 꺼내 청중들에게 흔들어 보였다.

"이 20달러를 갖고 싶은 분은 손을 드십시오."

200명 남짓한 청중이 모두 손을 들었다.

"이 돈을 여러분 중의 한 사람에게 드리기 전에 제가 할 일이 있습니다." 이렇게 말한 그는 지폐를 마구 구긴 다음 그래도 이 돈을 원하는 사람은 손을 들라고 했다. 당연히 사람들이 모두 손을 들었다.

강사는 다시 "이렇게 하면 어떻습니까?"라고 말한 뒤 지폐를 바닥에 떨어뜨리고 구둣발로 짓밟았다. 돈은 구겨지고 더러워졌다.

"그래도 이 돈을 원하시는 분이 있습니까?"라고 강사가 물었다. 청중석에서 적지 않은 사람들이 손을 들었다.

"여러분은 이미 중요한 사실을 배우셨습니다. 제가 이 돈을 어떻게 하든 간에 여러분은 이 돈을 원했습니다. 돈의 가치가 떨어지지 않고 여전히 20달러이니까요. 우리는 인생길에서 수도 없이 자신이 내린 결정이나 목표로부터 배반을 당하고, 실패로 인해 만신창이가 됩니다. 스스로가 한심스럽고 무가치한 인간이라는 생각이 들지 않을 수 없습니다. 하지만 어떤 일을 겪었든, 앞으로 무슨 일을 당하든 하느님의 눈으로 보면 우리는 결코 가치 없는 존재가 아닙니다. 하느님은 우리가 깨끗한지 그렇지 않은지를 보시지 않습니다. 우리는 여전히 가치를 따질 수 없는 귀한 존재인 것입니다."

어제의 절망으로 인해 내일의 꿈이 빛이 바래지 않도록 해야 한다. 생명의 가치는 우리의 생각이나 세상의 가치가 아닌, 바로 우리 자신에 의해 결정된다. 인간은 하나하나가 유일무이한 존재라는 사실을 절대로 잊지 말아야 한다.

지혜의 화신처럼 추앙받는 제갈량은 '제대로 패하는 자는 망하지 않는다'라고 했다. 무릇 성공한 사람들 가운데 실패를 겪고 교훈을 얻지 않은 자는 없다. 성공과 실패를 거듭하는 가운데 끊임없이 시도를 하여 궁극적으로 성공한 것이다. 실패는 성공의 어머니라는 말은, 실패 속에 이미 성공의 씨가 뿌려졌다는 뜻이다.

실패는 당신이 원인을 분석하고 만회할 방법을 찾도록 자극한다. 달리 말하자면 실패는 의지를 단련하고, 실패 자체를 동력으로 삼게 하고, 자신의 부족함과 노력해야 할 방향을 비춰 주는 거울이다.

실패 앞에서 결코 무릎 꿇지 않고 냉정하게 자신을 직시한다면, 자신이 갈 길을 선택할 수 있다. 이것이 바로 실패를 겪은 사람이 지녀야 할 평상심이다.

002
잘못은 없고 경험만 있다

어느 아름다운 정원에 날아와 과일을 쪼아 먹고 있던 벌새가 주인에게 잡혔다. 벌새는 주인에게 자기를 풀어 주면 세 가지 유익한 충고를 해주겠다고 했다. 귀가 솔깃해진 주인은 동의를 했다.

"첫째, 만회할 수 없는 일에 대해서는 후회를 하지 말아요. 둘째, 불가능한 일은 믿지 말아요. 셋째, 손에 넣을 수 없는 것은 그냥 포기를 해요." 그리고 벌새는 높은 나무 위로 날아가 앉으며 깔깔댔다. "나를 놓아 주지 않았으면 당신은 내 배 속에 있는 주먹만 한 진주를 얻었을 거예요."

화가 난 주인이 나무로 올라가 잡으려 하자 새는 더 높은 나무로 올라갔고, 따라잡으려던 주인은 가지가 부러지는 바람에 땅에 떨어졌다. 벌새는 주인을 비웃으며 훈계했다.

"만회할 수 없는 일은 후회하지 말라고 했는데 왜 나를 잡으려 했지? 그리고 불가능한 일은 믿지 말라고 했는데 내 배 속에 정말로 진주가 있다고 믿는 거예요? 게다가 날아가는 나를 어떻게 잡겠다고 계속 따라오는 거예요?"

지혜로운 사람의 특징은 경거망동하지 않는다는 것이다. 실수를 하고도 멈추지 않으면 실수는 계속된다. 하지만 실수를 한 다음 반성을 하고 자제하는 사람은 실수를 반복하지 않는다.

성장은 '실수를 반복하는' 과정이고, 실패의 경험은 성공의 경험만큼 믿을 만한 가치가 있다. 사실 세상에는 '잘못'이란 없고 '경험'만이 있을 뿐이다. 이러한 경험들이 쌓여 인간은 성숙해진다.

어떤 일에 실패했을 때는 반드시 교훈을 얻어야 한다. 교훈을 얻지 못하면 실패는 교훈을 얻을 때까지 반복된다. 그리고 교훈을 얻으면 다음 단계의 학습을 해야 한다. 끊임없이 배워야 하는 이유는 삶의 모든 과정에 배움이 필요하기 때문이다.

003
인간이 저지르기 쉬운 여섯 가지 실수

인간이기에 잘못을 저지르는 것은 정상적인 일이라 할 수 있지만,

문제는 실수를 대하는 태도이다. 다음의 여섯 가지는 사람들이 가장 일반적으로 저지르는 잘못으로, 경각심을 가질 필요가 있다.

쉽게 사람을 믿는다

자신이 잘 파악하지도 못한 동료나 상사에게 진심으로 대하면서 많은 말을 했다가 경망스럽거나 신뢰가 가지 않는다는 평을 듣는 사람들이 많이 있다. 오랜 시간 사귀거나 접하지 않은 사람은 쉽게 믿지 말고, 진심을 그대로 드러내지 말아야 한다.

안하무인의 태도

천성적으로 교만해서 동료나 상사 앞에서 고상한 척하다가 미움을 사는 사람들이 있다. 이런 사람들은 구설수에 오르기 십상이다. 사람들을 대할 때는 겸손하고 신중한 자세를 잃지 않는 것이 좋다.

세 살 버릇은 고치기 힘들다

예를 들어 친구와 절교하고 나서 반성을 하기도 전에 다른 사람과 급속히 친해지는 사람이 있다. 얼마 후에 같은 문제로 친구와 사이가 멀어지게 된다. 어떤 일을 하기 전에는 충분히 생각하고, 잘못된 일에서 교훈을 얻어 같은 실수를 되풀이하지 않도록 해야 한다.

지나친 욕심

항상 발에 맞지 않는 큰 신발을 신고 다니는 사람이 있었다. 왜 발에 딱 맞는 신발을 사지 않느냐는 질문에 그는 이렇게 대답했다. "큰 신발이나 작은 신발이나 값이 똑같으니까 큰 것을 사는 거죠!"

욕심 때문에 더 크고, 더 많은 것을 원하는 사람들은 자신에게 정말로 필요한 것이 무엇인지를 망각한다. 마치 발 크기보다 더 큰 신발을 사는 것과 같이. 무엇을 원하고 추구하든 간에 적당한 수준에서 타협하고 만족하는 사람이야말로 현명하다고 하겠다. 스스로 정한 위대한(?) 목표에 짓눌려 사는 사람들은 일에 소요되는 시간을 정확히 계산하는 습관을 들이면 과도한 욕심과 의욕으로 인한 스트레스에서 벗어날 수 있다.

신용카드로 인한 채무

신용카드가 통용되면서 수입을 초과하는 지출로 빚에 시달리는 사람이 부지기수이다. 자신도 모르게 신용카드를 마구 사용하여 경제적으로 쪼들리는 사람들은 과감하게 카드를 폐기하고 현금만으로 사는 것이 좋다.

과도한 표현

사람들에게 깊은 인상을 심어 주겠다는 생각에서 자신의 감정이나 느낌을 과도하게 표현하는 것은 어리석기 짝이 없는 짓이다. 깊은 인상은커녕 정신적으로 문제가 있는 사람으로 낙인이 찍히기 쉬우므로, 자신을 표현해야 할 때는 성실하고 안정적인 사람으로 보이도록 행동해야 한다.

004
고민이 있다는 건 좋은 일이다

미국에서 자기계발과 성공학의 대가로 불리는 나폴레온 힐의 할아버지는 노스캐롤라이나 주에서 마차를 만드는 사람이었다. 그는 자기 소유의 밭 중앙에 몇 그루의 상수리나무를 키워서 마차의 바퀴를 만들었다. 숲에서 나무를 잘라다 바퀴를 만들면 훨씬 편할 것이라 생각한 힐이 할아버지에게 직접 나무를 기르는 이유를 물었다.

"숲 속의 나무들은 서로 가리면서 비와 바람을 피하기 때문에 튼튼하지 않고 잘 부러진단다. 하지만 밭에서 자란 상수리나무들은 기댈 곳이 없으니까 어떻게든 살아남기 위해서 버티다 보니 아주 튼튼해진단다. 상수리나무로 만든 마차 바퀴는 아주 무거운 짐을 실었을 때도 끄떡없지."

나폴레온 힐은 자서전에서 할아버지의 이 말이 인생에서 가장 큰 가르침이었다고 회상했다.

고생을 하지 않은 사람은 자신의 능력을 제대로 알 수 없다. 뜨거운 불에서 무쇠가 만들어지고 역경이 강자를 탄생시키듯이, 성공을 위해 달려갈 때 역경이 성공을 도와주는 촉매제가 되기도 한다. 매서운 추위 속에 자란 매화와 소나무가 더욱 향기롭고 푸르듯이. 구리 조각들이 용광로 속에 들어갔다 나오면 강철이 되듯이.

빅토르 위고는 '하늘은 인간에게 고난을 내릴 때 지혜도 함께 준다'고 했다. 지혜가 있으면 고난을 두려워할 필요가 없다. 진주조개는 고통을 참아야만 아름다운 진주를 만들 수 있다. 적극적이고 긍정적인 사고방식이야말로 성공의 주춧돌이다.

대개 인재는 어려운 환경에서 만들어진다. 역경 속에서 인내할 줄 아는 사람들이 성공 신화를 만들어 내는 것이다.

내셔널 파나소닉 그룹의 창업주 마쓰시다 고노스케松下行之助는 일본인들의 큰 존경을 받았지만 정작 자신은 "매일 일회일비하면서 고민 속에 산다."고 했다. 대기업의 회장으로서 공무에 시달리면서 '무거운 마음'을 떨치지 못하는 것이다. 유능한 경영자는 절대로 현상에 만족하지 못하고, 늘 문제점을 발견하고 해결하기 위해 고민을 하므로 마음이 편할 때가 없다.

마쓰시다는 부하들에게 이렇게 말했다. "나는 여러분이 언제나 고민을 한다는 사실을 잘 알고 있습니다. 고민이 있다는 것은 좋은 일입니다. 고민은 진보를 위한 동력이 되기 때문입니다." 이 말은 자신

의 목표와 현실 간의 괴리를 인식하여 좀 더 성장하도록 격려하려는
의미가 있다.

우리는 계획한 일들이 벽에 부딪쳐 괴로울 때 일반적으로 세 가지
태도로 반응한다. 첫째, 맹목적으로 반항하는 태도이다. 즉 불평불만
을 그대로 표출함으로써 실패를 맞이하는 것이다. 둘째, 침울하고 비
관적인 감정이 되어 자신을 망쳐 버린다. 셋째, 마쓰시다의 지적처럼
'용감하게 운명을 직시' 하고, '고민을 자기 발전의 동력으로 삼는'
것이다. 앞의 두 가지는 약자의 자세이지만, 세 번째는 포부와 야심
이 있는 사람의 태도라 할 수 있다.

고민을 해결할 수 있는 유효한 방법은 역시 자신을 점검해 보는 것
이다. 다시 말해 실패나 좌절을 총체적으로 분석하여 자신의 바람이
나 목표가 정확한지, 성공을 가로막는 요인이 무엇인지 찾아봐야 한
다. 그다음으로는 자신의 장점이나 남들보다 유리한 조건이 무엇인
지 파악한다. 전자가 실패의 교훈을 찾는 것이라면, 후자는 성공을
위해 활용할 수 있는 요소들을 확인하는 것이다.

고민을 안고 있다고 해서 부정적으로 생각할 필요는 없다. 어떤 일
을 걱정하면 경계심을 품게 되므로 신중하게 행동할 수 있기 때문이
다. 경계심이 없으면 쉽게 실수를 저지르게 된다.

'전도가 막막하다'고 느끼더라도 경거망동해서는 안 된다. 시각장
애인은 앞을 보지 못해도 여간해서는 부상을 입지 않는다. 오히려 시

력이 좋은 사람들이 잘 넘어지고 부딪친다. 눈이 좋다는 사실만 믿고
조심을 하지 않기 때문이다.

005
밤에 뜨는 달도 놓치지 마라

괴로움이란 과도한 욕망, 정열, 물질 따위를 소진하고도 기대한 만
큼의 보상이나 대가를 얻지 못했을 때 일어나는 감정이다. 괴로운 사
람은 심리적인 불안정으로 인해 분노와 원망을 제어하지 못하게 되
고, 심하면 병에 걸리기도 한다. 이런 상황에서 보통 사람들은 대체
물을 찾거나, 직접적으로 스스로에게 보상할 행동을 취한다. 예를 들
어 폭식을 하거나 휴식, 수면 등을 취하기도 하고, 별로 바람직하지
못한 방법으로도 스트레스를 해소한다.

감정을 컨트롤하는 것은 쉬운 일이 아니지만, 즐거움은 늘리고 괴
로움은 줄이기 위해 실수를 대하는 마인드 컨트롤 법을 살펴보자.

실수한 자신을 벌하지 마라

이미 저지른 잘못은 되돌릴 수 없다. 현재의 시간을 낭비하고 정신
적으로 타격을 주는 자책을 할 필요는 없다. '오늘 아침의 태양은 못
보았지만 밤에 뜨는 달도 놓쳐서는 안 된다'는 말처럼 실수를 한 뒤

의 가장 현명한 선택은 '오늘 밤의 달'을 꼭 보는 것이다.

자신의 실수를 남의 탓으로 돌리지 마라

모든 사람은 인격과 존엄성을 가지고 있는데, 자신의 불편한 심정이나 분노를 타인에게 전가해서는 안 된다. 이렇게 하면 일시적으로는 통쾌할지 모르지만, 결국에는 그 화가 자신에게 미치게 마련이다. 실수를 한 자신을 용서하기 힘들 때에는 이성적으로 분노의 감정을 해소해야 한다. 그리고 잊으려는 노력으로 괴로운 심정을 풀고, 실수 속에서 교훈을 찾아 시행착오를 거듭하지 않도록 하면 된다.

상대의 잘못을 자신의 탓이라 생각하지 마라

〈논어〉의 '다른 사람이 알아 주지 않아도 성내지 않으니 이 또한 군자가 아닌가?人不知而不慍, 不亦君子乎'라는 구절은 타인의 이해와 인정을 받기가 몹시 힘들다는 의미로도 해석할 수 있다. 인간은 이기적으로 행동하는 본능이 있기에 상대를 받아들이고, 더 나아가 순종하기란 결코 쉽지 않다. 그러므로 자신을 알아 주기를 바라는 마음을 버리면 훨씬 편안해질 수 있다. 그저 묵묵히 자신의 일에 몰두하면 좋은 결과를 얻게 되고, 그럼으로써 사람들을 침묵시키고, 더 나아가 승복하게 만들 수 있다.

그다음으로 유의할 점은 고통으로 괴로워하는 사람을 보고 자신까지 괴로워하지 말라는 것이다. 성격이 어진 사람의 가장 큰 장점은 인정과 의리가 있는 것이지만, 이는 단점이 될 수도 있다. 왜냐하면 인정과 의리가 강하게 발동한다는 것은 이성적 판단력을 잃은 상태이기 때문이다. 그래서 어질다는 소리를 듣는 사람들은 '우유부단'이라는 '고질병'을 갖고 있다. 이런 유형의 사람들은 맺고 끊음을 분명히 하고, 이성적으로 사고하고 행동하는 습관을 들여야 한다. 또한 남을 돕고 싶을 때는 자신의 능력을 고려하고, 상대가 받아들일 수 있는지 심사숙고해야 한다.

이상의 세 가지는 자신과 타인을 편안하게 대하는 태도를 언급한 것에 불과하다. '잘 잊으면 건강하고, 건강하면 잘 잊는다'는 말이 있다. 건망증은 몸과 마음을 텅 빈 상태로 만들어 신진대사를 좋게 만드는 효과가 있다고 한다.

006
모든 비극은 불균형에서 시작된다

세상은 균형을 이루는 것 같지만, 많은 부분 불균형하기도 하다. 불균형은 표면적인 현상이고, 균형은 내재적인 결과이다. 그러므로 우리는 대부분 불균형한 것들만을 보게 된다.

진정한 균형은 자연적인 움직임 속에서 평형을 이루는 것으로, 자연성을 위반하는 행위는 편협과 극단에 빠지게 한다. 억지로 평형을 이룬다면 잠시의 안정 후에 더 큰 불균형으로 치닫게 된다.

기민한 사람은 바쁜 와중에도 한가로움을 맛보며 실속 있게 살아간다. 도량이 큰 사람은 성공과 실패를 거듭하면서도 균형 감각을 잃지 않는다. 공정한 사람은 얻을 것을 얻고 대가를 치르는 데에 망설임이 없다. 옳고 그름 사이에서 균형을 취하는 사람은 이해관계에 얽매이지 않고 상황을 인정하고, 감정적 색채를 배제하고 판단을 내린다. 균형 감각은 한 사람의 인격을 평가하는 기준이 된다.

주위 사람이 실의에 빠진 것을 보고 상대적인 행복감을 느낀다면 심리적 균형을 이루지 못하는 비열한 사람이다. 또한 타인이 모든 걸 잃은 것을 보고 자신이 겪은 실패의 그림자를 벗어 버린다면 심리적 균형을 잃은 일종의 변태라 할 수 있다. 기구한 일들을 겪은 뒤 나태하게 안주하는 것은 자포자기의 평형 상태이고, 사랑에 몇 번 좌절한 뒤 대충 결혼을 하는 사람은 자학적인 평형을 찾는 것이다.

건강한 심리는 인생을 옳은 방향으로 이끈다. 이와는 반대로 병적인 심리는 인생을 미로에 빠뜨린다.

균형 잡힌 심리로 인생의 불행을 담담하게 이겨 내는 것은 불행 중 다행이지만, 오직 안정된 심리만으로 인생을 아름답게 만들 수 있다고 생각하는 것은 행운 중의 불행이라 하겠다.

No.3 심리 테스트 · 나는 어떤 사람일까

●산보를 가기 위해 대문을 나서는 순간 누군가와 부딪쳐 넘어졌다. 당신은 누구와 부딪쳤다고 생각하는가?
A. 옆집 아가씨 B. 신문 배달원 C. 공사장 인부 D. 완고한 동네 노인 E. 세련된 젊은이

해답 _ 좌절감과 열등감에 관한 생각
A. 젊은 아가씨와 부딪친 것은 이성 교제가 여의치 않음을 상징한다. 달리 말해, 이성 교제에서 실패한 사람이라면 A항을 선택한다.
B. 신문은 지식과 최신 정보를 암시한다. B를 고른 사람은 지적인 면에서 혹은 자신의 전공 분야에서 좌절감을 느끼고 있다. 당신은 아마도 열심히 공부하지 않는 학생이거나 적극적으로 최신 정보나 지식을 습득하지 않는 직장인일 것이다.
C. 이 답안을 선택한 사람은 무의식적으로 자신의 체력이 남들보다 뒤떨어진다고 생각하기 때문에 육체적인 면에서 열등감을 갖고 있다.
D. 동네 노인은 권위와 도덕을 상징한다. 이 답안을 선택한 당신은 자신이 반도덕적, 반권위적이라 생각한다. 즉 도덕이나 윤리로부터 자유롭지 못해 스트레스를 받는 사람이라 할 수 있다.
E. 자유분방한 차림새의 세련된 젊은이와 부딪쳐 넘어졌다고 생각하는 것은 마음속으로 '나는 저 사람처럼 될 수 없어. 나는 완전히 낙오된 거야'라는 좌절감을 갖고 있다는 증거이다. 시대의 흐름을 따라가지 못한다는 생각에 사로잡혀 있다.

●휴가 여행을 떠나 호텔에 도착했다. 창문을 열었을 때 어떤 광경이 펼쳐지기를 바라는가?
A. 사람들이 많이 있는 수영장 B. 해변과 그곳에서 즐겁게 놀고 있는 사람들
C. 멀리 보이는 섬 D. 화려한 꽃들이 만발한 넓은 발코니

해답 _ 자신의 미래에 대한 생각
A. 증세가 경미한 비관형: 호텔의 수영장은 일반적으로 창가에 위치한다. 이런 거리감을 시간 개념으로 바꾼다면, 당신은 미래를 확신하지 못하는 약간 비관적인 성격이라 할 수 있다.
B. 낙관형: 당신은 미래에 대해 어느 정도 비전을 가지고 있고, 전체적으로 매우 낙천적인 성격이라 볼 수 있다.
C. 극도의 낙천형: 멀리 있는 섬까지 볼 수 있다고 생각하는 것은 자신의 장래에 대해 걱정이 없는 극도의 낙천성을 뜻한다. 하지만 우울하고 생각이 많은 것보다는 명랑한 성격이 행운을 부른다는 말은 일리가 있다.
D. 심각한 비관형: 가까운 곳에 있는 사물만 보는 당신은 미래를 대단히 불안하게 생각하는 비관적 성격의 소유자이다. 당신의 낙천성을 강물에 전부 떠내려 보낸 것은 아닌지?

04
긍정의 씨를 뿌리고
끈기의 열매를 거두라

　　사람들은 성공을 갈망하고, 성취감과 더불어 존경과 인정을 맛보려 한다. 행복한 인생은 자신을 변화시키는 데서 시작된다는 사실은 누구나 알고 있다. 그런데 생각은 행동을 결정하고, 성공과 실패, 괴로움과 즐거움은 흔히 아주 사소한 차이에서 비롯된다.

　실패한 사람과 평범한 사람이 세상의 대부분을 차지하는 이유는 사고방식과 문제를 해결하는 방식이 잘못되었기 때문이다. 마음 자세는 사물을 보는 눈, 더 나아가 우리의 인식 체계에 영향을 미친다. 올바른 마음 자세와 적극적인 인생관은 자격지심과 두려움을 이기게 하므로 타성에서 벗어나 내재된 능력을 최대한 발휘할 수 있게 한다.

　자신과의 싸움에서 이기려면 질투와 증오심을 버려야 한다. 시기, 질투, 의심 등의 감정은 마음의 평안을 깨뜨린다. 경쟁자에게 추월당할까 걱정하고 스스로를 괴롭히기보다는 다른 사람의 성공은 노력의 결과로 이해하고, 개인적인 조건이나 기회가 불평등한 것은 불가피하다고 받아들이면 괴로운 마음을 없앨 수 있다.

마음의 자세가 갖춰진 다음에는 꿈을 가져야 한다. 꿈이 있어야 희망이 생기고, 희망이 있을 때 성공할 수 있다. 남들을 비웃고 무시하는 것도 좋지 않지만, 자신을 존중하는 마음과 자신감을 잃는 것은 더 큰 문제이다.

우리는 타인과 나의 장점을 먼저 보고, 낙천적인 생각으로 인생을 대면해야 한다. 물론 더욱 중요한 것은 평상심으로 자신을 되돌아보는 것이다. 특히 자신이 겪는 성공과 실패를 부동의 마음, 즉 평상심으로 관조할 수 있어야 한다.

연극과 삶에는 두 가지 방식이 있다. 보는 것과 하는 것.
성공한 사람들은 당연히 연극을 하는 쪽이다.

001
"즐겁다면 이미 성공한 거야"

소년의 꿈은 파가니니와 같은 위대한 바이올리니스트가 되는 것이었다. 그는 틈만 나면 바이올린 연습을 하면서 행복해했지만 실력은 여간해서 늘지 않았다. 그의 부모도 아이가 음악적 자질이 없다고 판단했지만 상처를 주지 않기 위해서 그런 생각을 입 밖에 내지 않았다.

어느 날 소년은 바이올린 교습을 하는 선생님을 찾아가 자신의 능력을 평가해 달라고 부탁했다. 선생님이 연주하고 싶은 곡을 선택하라고 하자 소년은 파가니니의 스물네 곡의 연습곡 가운데 제3번을 골랐다. 소년의 연주 실력은 형편무인지경이었다. 하도 많이 틀리는 바람에 듣기가 괴로울 정도였던 것이다.

연주가 끝나자 선생님이 물었다. "너는 왜 바이올린을 좋아하니?"

"저는 성공하고 싶어요. 파가니니처럼 훌륭한 바이올린 연주가가 되고 싶어요."

선생님은 다시 물었다. "너는 정말로 즐겁니?"

"저는 아주 즐거워요." 소년은 주저하지 않고 대답했다.

선생님은 소년을 정원으로 데리고 갔다. "애야, 네가 정말로 즐겁다면 이미 성공한 거야. 그런데 왜 파가니니처럼 위대한 바이올리니스트가 되고 싶어 하니? 내 생각으로는 즐거움 자체가 성공이란다."

선생님의 말씀을 듣고 소년은 즐거움은 세상에서 비용이 가장 적게 들면서도 위험이 없는 성공이라는 사실을 깊이 깨달았다. 소년은 자신이 바이올린에 소질이 없다는 사실을 깨달았지만 여전히 바이올린 연주를 즐겼다. 그리고 더 이상 파가니니가 되겠다는 몽상을 하지 않았다. 이 소년이 바로 앨버트 아인슈타인이다. 그는 평생 동안 바이올린을 좋아했지만 연주 실력은 대단치 않았다. 중요한 사실은, 그가 바이올린을 켤 때 무한한 기쁨을 느꼈다는 사실이다.

사람이 소유한 것들 가운데 가장 가치 있는 것이 바로 즐거움이다. 즐거움의 종류는 사람마다 모두 다르다. 이것은 부나 명예, 사회적 지위, 쾌락 등으로 얻어지는 것이 아니다.

즐거움은 적당함을 알 때 생겨난다. 만족이 무엇인지를 모르는 사람은 즐거움을 찾을 수 없다. 반대로 자신이 가진 것에 만족할 줄 알면 돈, 지위, 이성, 명예 등의 유혹에 초탈할 수 있다. 힘들게 많은 것을 가지려는 사람은 영원히 행복해지기 어렵다.

일은 즐거움 그 자체이다. 일은 인간의 존재 가치를 가장 잘 증명하고, 분투할 수 있는 동력을 제공한다. 인간은 일을 통해 자신의 가치를 실현하고, 목표를 달성한다.

즐거움은 쉽고도 어렵다. 쉬운 이유는 인간이라면 도처에서 즐거움을 얻을 수 있기 때문이다. 어려운 이유는 세속적인 가치를 초월하는 정신적 경지에 오르지 못하거나 평상심과 성실함이 없으면 평생 즐거움을 느낄 수 없기 때문이다.

결론적으로 말해 즐거움은 몸과 마음의 화합이고, 물질과 나의 통일이며, 득과 실의 절묘한 융합, 성공과 실패의 합리적인 소통이라 할 수 있다.

002
마음을 바꿔 성공과 손을 잡다

가난에 지친 청년이 점쟁이를 찾아갔다. 언제쯤 부자가 될 수 있는지 묻자 점쟁이는 "지금도 부자인데!"라고 했다. 기가 막힌 젊은이가 무슨 말이냐고 따지자 점쟁이가 설명을 해주었다.

"자네 눈은 세상을 볼 수 있고, 수많은 책을 볼 수 있는 재산이지.

두 손도 원하는 일을 할 수 있으니 재산이야. 두 다리로는 이 세상의 가고 싶은 곳을 다 갈 수 있으니 재산이라 할 수 있어. 게다가 머리와 영혼도 잘 활용하면 큰 재산이 될 거네."

사람들은 몸에 지닌 것이 모두 재산이라는 사실을 알지 못한 채 몸 밖의 것들을 구하느라 전전긍긍하다 청춘과 건강을 잃어버린다. 자신이 무엇을 가졌는지를 아는 사람이라면 그것을 잘 활용해야 한다. 눈으로는 타인의 장점을 보고, 입으로는 타인을 격려하고 칭찬할 줄 알아야 하며, 두 손으로는 남들을 위해 봉사하고, 귀로는 좋은 의견들을 들어야 하는 것이다. 좋은 말과 좋은 일을 하고 착한 마음을 지닌 사람은 보이지 않는 재산을 축적하고 있는 것이다.

부처는 '족함을 아는 사람은 땅에 누워도 안락하고, 족함을 모르는 자는 천당에서도 편안하지 못하다. 만족을 모르면 부자여도 가난하고, 만족이 무엇인지 아는 사람은 가난해도 부유하다'고 했다. 물질만으로 욕망을 충족할 수는 없다. 만족할 줄 알고, 자신에게 주어진 것들을 아낄 때 진정한 부를 소유하게 된다.

긴 인생의 여정을 제대로 가려면 짜임새 있게 앞으로 갈 길을 계획한 뒤 조심스럽게 전진해야 한다. 그렇지만 인생에는 원치 않는 일들이 속출하므로 매일 매일을 충실하게 사는 것도 좋은 방법이기는 하다.

생각에만 그치지 않고 부지런히 생각을 실천에 옮기며 살다 보면 움직이지 않는 산과 같은 마음을 가진 자신을 발견하게 된다. 매사에 일희일비하지 않고 묵묵히 행동하면 어떤 어려움이 생기더라도 불안하지 않고, 더군다나 원망이나 비명을 터뜨리는 일은 없다.

어떤 일을 하게 될 때는 사명감을 가지고 임해야 한다. 그래서 일에서 재미를 찾고 장기적인 계획을 세워 몰두하면 행복감을 느낄 수 있다. 만약 매일 해야 할 일들을 대충 때워 버린다면 끔찍한 결과를 맞이하게 된다. 열심히 일하는 사람에게 찾아온 기회는 틀림없이 성공의 문으로 인도한다.

아무리 힘들 때라도 비관적이 되지 말아야 한다. 비관적인 생각을 가지면 현명함과 판단력이 사라져서 위기를 헤쳐 나갈 수 없다. 이럴 때에는 어떡해서든 낙관적으로 사고의 방향을 바꾸고, 냉정하게 문제의 원인을 찾아야 한다. '진인사 대천명'이라는 만고의 진리를 믿고 정확한 목표를 세워 자신의 길을 개척하는 것, 그것이 인생을 충실하게 가꾸는 비결이다.

003
배우형 인간, 관객형 인간

운이 지독히도 없어서 어려서부터 하는 일마다 모두 실패한 젊은 이가 있었다. 그는 하늘이 자신에게 너무 냉혹하다는 생각에 하느님을 만나 봐야겠다고 결심했다.

산을 몇 개나 넘어 강에 이른 그는 낚시를 하고 있는 노인을 발견하고 다가가 물었다. "어르신, 성공이 무엇이라고 생각하십니까?"

"성공은 매일 고기를 잡을 수 있는 거지." 노인이 빙그레 웃으며 대답했다.

젊은이는 계속 길을 걷다 숲에서 중년 남자를 만났다. 성공의 정체가 무엇인지 아느냐는 질문에 중년 남자는 "매일 짐승을 잡을 수 있는 것 아니겠소?"라고 반문했다.

숲을 지나 사막에 다다른 젊은이는 하느님을 만났다. 그는 하느님에게 성공이 무엇인지 가르쳐 달라고 매달렸다. "성공은 생활이고, 경험이고, 땀이란다. 젊은이, 성공에 집착하지 말고 성공하기까지의 과정을 즐기도록 하게."

성공을 꿈꾸는 사람들은 많지만 생활 속에서 얻은 경험과 지혜가 얼마나 가치 있는지 아는 사람은 많지 않다. 성공의 과정을 즐기고, 그 속에서 재미를 찾는 것이야말로 진정한 의미의 성공이라 할 수 있다.

중국의 저명한 현대 문학가였던 주광첸朱光潛, 1897-1986은 '세상은 하나의 무대'라고 한 셰익스피어의 말에 근거해서 인생을 사는 자세를 세 가지로 분류했다. 연극을 미치도록 좋아하는 사람, 연극 관람을 좋아하는 사람, 연극을 좋아하면서 자신이 연기도 하는 사람. 연극을 보는 것과 직접 하는 것은 '지知, 깨달음'와 '행行, 행동'의 차이라 할 수 있다. 지는 사물의 변화를 아는 것이고, 행은 사물을 변화시키는 것으로 둘 다 인생을 충실하게 하는 것이다.

동양의 철학을 대표하는 것은 유가와 도가이다. 일반적으로 유가는 관극을 즐기면서도 연기를 더욱 중시했다. '알고 깨닫는 것'도 중요하지만, 이는 실천을 위한 준비라 여겼던 것이다. '사물을 탐구한 다음에야 앎에 이르고, 앎에 이른 다음에야 뜻이 참되게 되고, 뜻이 참된 다음에야 마음이 바르게 되고, 마음이 바르게 된 다음에야 몸이 닦이게格物而後知至 知至而後意誠 意誠而後心正 心正而後身修'되어 '수신제가치국평천하修身齊家治國平天下'의 경지에 이르게 되는 것이다.

그러나 도가는 기본적으로 직접 연극을 하는 것보다는 관람을 인생의 이상으로 여겼다. 노자와 장자는 자연을 본받고 우주와 일체가 되는 것을 추구하며 무위를 숭상했다. 변화와 다양성을 그저 지켜보며 즐기는, 일종의 방관자적 자세를 유지하려 한 것이다.

연극을 하려면 극 속에 자신을 '밀어 넣어서' 평상 속의 변화를 이끌어내고, 변화 속에서 자아를 실현해야 한다. 하지만 연극을 구경하려면 냉정한 눈으로 관조하는 입장을 고수하면서 변화를 관찰하고 평가해야 한다. 전자가 생명의 약동감을 맛보는 대신 감상의 즐거움을 잃는 반면에, 후자는 생명이라는 이미지를 음미하는 대신 역동적인 체험을 하지는 못한다. 몰입과 방관, 연기와 관람을 함께 할 수는 없는 것이다.

78

연극을 보는 것과 직접 하는 것은 사실 삶의 두 가지 방식이다. 어느 편을 선택하는가는 전적으로 개인적 취향일 뿐 가치를 부여할 수는 없다. 하지만 성공한 사람들은 당연히 연극을 하는 쪽이다. 참여와 실천을 통해서만 인생의 방향을 틀어잡을 수 있기 때문이다. 성공한 인물들이란 어떤 면에서는 예술가이고, 예술가가 직접 연기를 하지 않을 수는 없는 것이다.

스스로를 돌이켜볼 때 직접 겪은 많은 사건이나 상황 속에서 관찰자적인 자세를 유지했다면 한 가지 질문을 던져 보라. 성공으로 가는 길목에서 자신이 올바른 방향을 선택했는지. 귀중한 생명의 시간들을 인생의 이상과 일치하지 않는 일에 허비하고 있는 건 아닌지.

연극에 직접 참여하는 것을 좋아하는 성격은 성공의 한 전제이기는 하지만 반드시 성공으로 연결되지는 않는다. 연기를 잘 하려면 최소한 세 가지 조건을 갖춰야 한다. 첫째, 자신의 역할을 잘 찾아야 한다. 훌륭한 연기는 배역의 성격에 좌우되기 때문이다. 둘째, 자신의 역할에 완전히 몰입하는 정열이 있어야 한다. 셋째, 기본적인 연기력과 테크닉이 있어야 한다.

성공적인 인생은 격조 높은 예술이므로 연극을 하는 것과 많은 면에서 상통한다. 한 사람의 '연기'가 성공적인가는 자신이 맡은 역할, 몰입의 정도, 연기력 등으로 평가되지만 무엇보다도 스스로 좋은 '느낌'을 갖고 있는지가 중요하다.

004
총명과 지혜의 차이

총명함을 잔꾀라 한다면, 지혜는 큰 도道라고 할 수 있다. 총명한 사람이 큰 지혜를 깨닫지 못하는 것처럼, 큰 지혜를 가진 사람은 작은 술수를 부릴 줄 모른다. 전자가 큰 지혜를 어리석다고 비웃을 때, 후자는 잔머리를 굴리는 사람을 무시해 버린다. 똑똑한 사람이 지식과 경험 이외에는 기댈 것이 없는 데 비해, 슬기가 있는 사람은 겪지 않은 일에 대해서도 스스로 해결 방법을 찾거나 깨달음을 얻는다.

머리만 좋은 사람은 항상 자기 위주로 계산을 하기 때문에 결국 아무것도 이루지 못한 채 비웃음만 산다. 이에 비해 현명한 사람은 '하늘을 우러러 한 점 부끄럼 없이' 행동하기 때문에 답답하고 고리타분해 보이지만, 가끔씩 촌철살인의 날카로움을 드러내면서 결국에는 원하는 바를 다 이룬다.

지혜는 인류가 원래 가지고 있는 영적인 감각이다. 이는 세상을 사는 절대적인 자산이자 인생 체험의 가장 큰 성과라 할 수 있다.

지혜는 반드시 높은 인격과 풍부한 경험이 기초가 되어야 한다. 하지만 총명함은 흔히 현실적인 이익을 우선하고, 주관적인 억측이 적지 않게 작용한다. 지혜는 긴 시간이 걸리기는 하지만 의미 있는 일을 성취하는 힘이 된다. 하지만 총명함은 일시적인 성공을 이루기는 하지만 오래가지 못한다. 지혜가 있는 사람은 역사와 사회에 대한 깊이 있는 인식으로 현실을 통찰하므로 복잡하게 얽힌 일들에도 미혹되지 않으면서 사회적 진보를 이룩하는 역할을 한다. 이에 비해 머리만 좋은 사람들은 자기중심적이기 때문에 사회적 흐름에 휘말려서 방향 감각을 상실하기 쉽다. 또한 이들은 자기 과시적이고 대중에 영합하는 행동을 취한다.

총명함이 자아라는 벽을 뛰어넘으면 지혜로 승화된다. 역으로 지혜가 개인적인 이익을 도모하는 데에만 쓰이면 총명함으로 전락한다.

005
성공하는 사람은 누구인가

미국의 각 대학들이 성공의 조건과 비결을 연구한 결과 일반인들의 상상을 초월하는 결과가 적지 않게 나왔다. 그중에서 몇 가지 중요한 내용을 살펴보면 다음과 같다.

성공의 기회를 늘리는 방법

만족할 만한 직업을 선택하면 능력과 개성을 잘 발휘할 수 있다. 그런데 만족스런 직업을 찾기 위해서는 다양한 시도를 해봐야 한다. 성공한 인물들을 조사한 결과, 94%는 자신이 가장 좋아하는 일을 하고 있다고 응답했다. 자신의 일에 만족감을 갖지 못하는 사람은 노력을 많이 하더라도 좋은 결과를 얻기 힘들다. 실제로 대부분의 실패는 적성과 능력에 맞지 않는 일을 한 데서 비롯된 것으로 밝혀졌다.

전직과 성공의 관계

컬럼비아 대학에서 20세에서 31세 사이의 능력을 인정받은 청년들에게 현재의 직장에서 승진하기를 원하는지, 기회가 있으면 전직할 것인지 물었다. 결과는 한 직장을 고수하는 사람이 수시로 직장을 옮기는 사람보다 더 성공할 것 같다는 통념이 전혀 근거가 없다는 것이었다. 캔자스 대학에서는 좀 더 광범위한 대상에게 설문을 한 결과 큰 성공을 거두는 사람의 대다수가 성공한 직종을 찾기까지 몇 차례의 전업이나 전직을 하였다고 한다. 그리고 자신에게 적합한 직장이나 직업을 찾은 다음에는 훨씬 더 열심히 일을 했다고 한다.

끈기는 성공의 전제 조건

성공한 사람들은 어떤 일을 해나가는 과정에서 중대한 문제가 생기거나 심각한 스트레스를 받더라도 보통 사람들에게는 없는 인내와 의지로 극복한다. 만약 당신이 끈기가 대단한 사람이라면 자신에게 적합한 업종을 택하면 틀림없이 두각을 나타낼 수 있다.

게으름은 성공의 최대 장애물

당신의 성공을 가로막는 가장 큰 장애물은 게으름이다. 일리노이 대학은 최근에 게으름을 측정하는 실험을 했다. 그 결과 기억하는 단어가 매우 많은 사람들 가운데 성공한 이는 몹시 드물었다. 어휘력이 풍부하다는 것은 지능과 능력이 천부적으로 뛰어나다는 증명이자 나태하다는 의미이기 때문이다. 만약 당신이 언어 능력은 뛰어나지만 발전이 없다면 자신의 천부적인 능력을 활용하지 않았다고 해석하면 된다.

가정의 영향

만약 아버지가 성공했다면 당신도 쉽게 성공할 것이라 생각하는가? 대답은 '예스'이다. 인디애나 대학의 연구팀은 성공한 미국인들을 연구한 결과 질문에 대한 긍정적인 결과를 얻었다. 즉 대다수의 성공한 사람들은 중·상층 가정 출신이고, 부친들 또한 자신의 일에서 혹은 다른 분야에서 성공하거나 인정을 받았다.

즐거움과 소유의 관계

즐거움과 물질적인 부는 불가분의 관계인가? 어느 정도까지는 양자가 비례했다. 하지만 수입이 아주 적거나 최고 수준의 소득을 올리는 사람은 즐거움을 거의 느끼지 못한다고 했다. 의외의 지출을 감당할 수 있는 정도의 여유를 갖고 있지만 부자의 대열에는 낄 수 없는 수준, 이때가 가장 행복감을 느끼는 때라고 한다. 달리 말해 성공의 계단을 오르고 있는 시기, 아직 정상에 도달하지 못했을 때 사람들은 즐겁게 살 수 있는 것이다.

까다로운 완벽주의자

일에 대해 까다로운 사람이 비교적 성공하기 쉬운가? 까다롭고 불평불만이 많은 성격은 단점으로 비치기 쉽다. 하지만 이런 성격은 장점으로 작용할 수도 있다. 미시간 대학 사회학과에서는 미국의 대기업들을 4년간 리서치한 결과 까다로운 투덜이들이 불만을 내색하지 않는 직원들보다 성공한다는 사실을 발견했다. 불만이 많고 목소리가 큰 사람은 '완벽주의자' 인 경우가 많고, 문제를 해결하려는 노력을 많이 하기 때문이다.

성공의 대가

성공한 사람들은 신경쇠약증(노이로제)에 시달릴 수밖에 없는가? 고위직에 오르는 사람들은 승진을 거듭하는 과정에서 갈등과 스트레스가 많기 때문에 정신 질환에 걸릴 확률이 높다고 볼 수 있다. 하지만 일반적으로 정신 질환은 실패자에게 훨씬 많다. 펜실베니아 대학에서 1만 2천 명을 추적해서 얻은 결론은, 사회적으로 지위가 높고 고소득인 사람들이 정신병에 걸린 케이스가 가장 적었다는 것이다. 다른 연구들도 성공과 개인 욕망의 충족은 정신 건강에 아주 좋은 영향을 미친다고 증명했다. 반대로 실패와 이로 인한 상처는 정신 질환을 초래하기 쉽다.

성공과 수명의 연관성

사람들은 지나치게 일을 많이 하면 중년에 단명하기 쉽다는 선입견을 가지고 있다. 그러나 많은 경우에 성공은 수명을 연장한다. 심리학자들은 인간의 정신은 건강에 중요한 요소이고, 성공은 정신에 영향을 미친다고 주장한다. 의학적으로도 다른 조건들이 같다면 사는 것이 의미 있다고 느낄수록 수명도 길어진다고 한다.

006
인생의 여섯 관문

아파트 80층에 사는 형제가 있었다. 여행을 갔다 돌아온 그들은 정전이 되어 엘리베이터가 움직이지 않자 하는 수 없이 큰 여행 가방을 들고 걸어 올라가기로 했다.

20층까지 올라왔을 때 형은 가방이 너무 무거우니 이곳에 두었다가 전기가 들어오면 엘리베이터로 옮기자고 했다. 그래서 그들은 가방을 두고 한결 가벼운 발걸음으로 계단을 올랐다.

하지만 40층에 이르렀을 때 형과 아우는 너무 힘들었다. 두 사람은 정전을 알리는 공고를 왜 보지 못해서 이 고생을 하느냐고 서로를 비난했다.

말싸움을 하는 동안 60층에 도착했다. 완전히 기진맥진해진 이들은 이제 더 이상 싸울 힘도 없었다. 동생이 그만 다투자고 하자 두 사람은 침묵을 지키며 간신히 80층까지 올라갔다. 집 문 앞에 도착한 그들은 기가 차서 말도 나오지 않았다. 열쇠는 20층에 두고 온 가방 속에 있었기 때문이다.

이 이야기는 우리의 일생을 우화적으로 표현한 것이다. 20세 전에 우리는 가족과 선생님의 기대 속에 부담감과 압력을 느끼며 산다. 아직 성숙하지 못하고 능력도 부족하므로 행보는 불안하기 짝이 없다.

20세 이후에는 점차 독립을 하고, 짐을 내려놓고 자신의 꿈을 열심히 추구한다. 이렇게 사는 동안 20년 정도가 훌쩍 지나간다.

청춘이 이미 지나간 40세가 되면 아쉬움과 후회가 많이 남기 때문에 원망, 질투, 분노 따위의 감정에 사로잡힌다. 이렇게 20년의 세월이 흘러간다.

60세가 되면 이제 앞으로 살아갈 날이 별로 많이 남지 않았다는 생각에 원망을 하지 않고 남은 세월을 잘 지내겠다고 마음먹는다. 인생이 끝나갈 무렵이 되면 자신이 어쩌면 어떤 중요한 일을 하지 않았을

지 모른다는 느낌을 받게 된다. 원래 품었던 꿈들이 과거에 머물러 있고, 인생이 아직도 완성되지 않았다는 생각이 드는 것이다.

인간은 태어나서 성장, 노화, 죽음에 이르기까지 수십 년의 세월을 산다. 얼핏 긴 시간 같지만, 몇 개의 관문을 힘들게 넘으면 눈 깜빡할 사이에 인생의 막은 내린다.

20세 이전, 꿈을 꾸는 시간들

어머니 배 속에서 나와 세상사에 처음으로 눈을 뜨기까지는 약 14년의 시간이 걸린다. 그렇지만 이 나이가 되었다고 성숙한 사람이 된 것은 아니다. 대부분의 생각들이 낭만적이고 동화같이 현실성이 결여되어 있다. 많은 꿈을 꾸는 청소년기에는 경박함을 면하기 힘들고, 모든 사물이 컬러로만 느껴진다.

20대, 이상을 말하다

스무 살은 성인의 문턱을 처음으로 넘는 나이이다. 이전의 화려한 꿈은 점점 빛을 잃고, 현실 앞에서 점차 성숙해지면서 인생의 목표를 갖기 시작한다. 문제는 20대의 포부는 기개만 대단할 뿐 실제적이지 못하다는 것이다. 따라서 우리는 흔히 스무 살이면 다 컸다고 말하지만, 성숙한 것은 결코 아니다. 20대에는 목표를 가지고 있으므로 꿈을 많이 잃거나 포기했다고 할 수 있다.

30대, 책임감이라는 과제의 수행

오늘날에는 평균 수명의 연장으로 서른 살은 아직 삶의 반도 안 살았다고 할 수 있는 나이다. 하지만 30대에 이르면 성숙한 인간이 되고, 최소한 자기 인생의 좌표와 출발점은 확정하게 된다. 이 시기에는 피할 수 없는 많은 짐들을 어깨에 지고 앞으로 나아가야 한다. 그 중에서도 가장 무거운 짐은 '책임'이다. 힘겹기는 하지만 책임을 져야 하는 삶으로 인해 인생은 풍부해진다. 결혼 후 온전한 가정을 이루기 위한 사랑, 자녀의 출생과 양육, 나이든 부모의 봉양, 점점 늘어가는 일에 대한 부담 등은 30대가 모두 책임져야 할 과제들이다. 아무도 대신해 주지 않는 과제들로 인해 30대의 언행은 대단히 현실적으로 변한다.

40대, 인생의 한낮

30대의 문턱을 넘고 40대가 되면 인생의 정오를 맞이했다고 할 수 있다. 이때에 이르면 자기 분야에서 성공을 거두는 사람이 많고, 평범한 사람들이라도 안정의 기반을 마련한다. 몸과 마음이 모두 원숙해졌고, 매사에 자신의 주장이 확고하다. 부모가 돌아가시고, 자녀들도 독립을 앞두고 있으므로 책임이 점차 가벼워진다. 높은 산에 오른 것과 같은 40대에는 큰 숨을 내쉴 수 있는 여유가 생긴다.

그러나 그동안의 삶을 되돌아보면 자신을 위해 산 시간이 너무 짧았다는 사실을 발견하게 된다. 그 결과 자신을 중심으로 하는 삶으로 전환을 꾀하게 된다.

50대, 경험을 이야기하는 나이

하늘의 뜻을 아는 '지천명知天命'의 쉰 살이 되면 인생의 승패가 결정되었다고 할 수 있다. 승자는 더욱 위세를 떨치지만, 패자는 도태당한 비애를 혼자서 감당해야 한다. 대세는 판가름 났으므로 뒤집기가 매우 힘들다. 승리와 패배 모두 귀중한 경험이므로 후세들의 참고 자료가 된다.

60대 이후, 과거를 그리워하는 시간들

노화는 인간이 거스를 수 없는 자연의 법칙이다. 늙으면 마음과는 달리 힘이 받쳐 주지 않으므로 큰 꿈이 있더라도 펼칠 수가 없다. 이때가 되면 성공한 인물은 자신이 이룬 성취를 즐기고, 실패한 사람은 자신이 빚은 쓴 술을 마시게 된다. 진정한 사나이는 과거의 용맹함을 이야기하지 않는다고 하지만, 몸과 마음에 새겨진 세월의 흔적은 지울 수 없다. 살아갈 날이 많지 않으므로 앞으로 휘황한 나날이 있으리라 생각지 않지만, 과거의 화려함과 고생 따위를 회상하면 자신의 능력에 대한 믿음과 활력을 되찾을 수도 있다.

007
인생 설계의 여섯 단계

확실한 꿈—인생에 대한 설계일 수도 있다—이 없는 이유는 당신이 누군가에게 인정받고 발탁당한 적이 거의 없거나 돈을 많이 벌지 못했기 때문일 수 있다. 몇 년 전 미국의 저널리스트이자 전기 작가인 게일 쉬이Gail Sheehy는 〈개척자들〉이라는 베스트셀러를 집필하면서 '인생 역정'에 관한 설문 조사를 했다. 각 분야의 6만여 명을 대상으로 한 조사에서 그는 일에서 성공하고 자신의 생활에 만족하는 사람들은 최소한 두 가지 공통점이 있다는 사실을 발견했다.

첫째, 친밀감을 느끼는 친구들이 많다.

둘째, 자신의 능력에 벅찬 목표를 달성한다.

쉬이의 연구에 의하면 '개척자'들은 자신의 생활이 의미 있다고 여기며, 장기적인 목표가 없는 사람들에 비해 삶을 즐긴다고 한다.

인생 설계는 평생의 목표와 일상생활에 영향을 미치는 무수한 일들을 달성하기 위한 시간표이다. 인생 설계는 삶에 대한 주의력을 높여서 일정 시간 내에 지적인 능력과 체력을 최대한 활용하도록 만든다. 실제로 집중력이 높을수록 두뇌와 체력은 훨씬 더 많은 능력을 발휘한다. 또한 인생에 대한 합리적인 설계를 하면 자신에게 주어진 에너지를 적절하게 안배할 수 있다. 다음은 인생 설계의 여섯 단계이다.

1단계 | 인생의 중요 목표 찾기

인생의 중요 목표란 일생에 걸쳐 추구하는 고정된 목표로서 삶의 중심이 된다. 인생의 목표는 어떤 사람들에게는 자아실현을 위한 도구이지만, 그렇지 않은 사람들에게는 고통일 따름이다. 목표를 세우기 위해, 혹은 예전에 세웠던 목표로 돌아가기 위해서는 스스로에게 몇 가지 질문을 던져 봐야 한다. 예를 들어 '나는 누구인가?', '내가 성취하고 싶은 일은 과연 무엇인가?', '죽음 앞에서 내가 가장 만족할 것은 무엇일까?', '일상에서 내가 가장 성공적이라 생각했던 것은 무엇인가?' 등이 그것이다.

거침없이 자기 일생의 목표가 무엇인지 말할 수 있는 사람도 있지만, 대다수의 사람들은 그렇지 못하다. 이들은 평생의 목표를 찾기에 앞서 자신의 내부로 침잠하여 진정으로 원하는 것이 무엇인지 깨달아야 한다. 처음에는 이런 질문을 하는 것조차 쑥스럽지만, 계속해서 자신에게 질문을 던지다 보면 분명히 해답을 얻을 것이다.

행복한 사람은 일반적으로 자신의 직업과 생활 방식, 삶의 목표가 일치한다. 일례로 조직 생활에 적합하면서 문장력이 뛰어나거나 가르치기에 능한 사람이라면 편집자, 교사 등의 직업에서 만족감을 느낄 확률이 큰 것이다.

2단계 | 마스터플랜

인생의 목표를 세운 다음에는 이를 실현할 마스터플랜을 확정지어야 한다. 이를 위해서는 무엇보다 직업을 잘 선택해야 한다. 직업은 평생의 목표를 달성하게 도와주는 중요한 수단이다. 직업을 선택하는 것은 마치 장군이 전투를 치르기 위해 무기를 준비하는 것, 축구 감독이 경기의 작전을 짜는 것과 같다.

'내 직업이 인생의 최종 목표를 실현하는 데 도움이 되는가?' 라는 자문을 해본 뒤 부정적인 결론을 얻는다면 과감하게 직업을 바꿔야 한다. 만약 전업이 어렵다면 '현재의 직업이 내 인생의 기본 목적과 일치하는가?' 라는 질문을 던져 보라. 대부분 긍정적인 대답을 얻을 수 있을 것이다. 예를 들어 직업에 대한 긍지와 성취는 있지만 만족할 만한 수입을 얻지 못하는 변호사라면 공익사업에 능력의 일부를 사용함으로써 정신적인 만족감을 얻을 것이다. 이 밖에도 대형 회계회사에서 일하는 회계사가 대학에서 강의를 한다면 후배들을 가르치는 기쁨과 함께 팍팍한 일상에서 얻을 수 없는 만족감을 느낄 것이다.

인생의 마스터플랜을 세우는 가장 이상적인 시기는 대학 졸업 무렵이다. 이때에 명확한 인생의 목표가 있다면 망설이지 않고 직업을 선택할 수 있다. 하지만 우리는 한 가지 사실을 명심해야 한다. 아직 만년의 안정을 향유할 나이가 되지 않았다면 어떤 일에 뛰어들더라도 늦지 않았다는 것이다. 20대에 처음으로 직업 전선에 뛰어든 젊은

이, 아니면 자신이 좋아하지 않는 일을 하는 40대라면 직업을 과감히 바꾸고 새롭게 시작할 수 있다는 믿음을 가져야 한다.

3단계 | 단기적인 목표

현재의 직업이 인생의 큰 목표를 달성하는 데 도움이 된다고 판단하면 구체적인 세부 계획을 세워야 한다. 커리어 관리는 5년, 10년, 혹은 20년을 단위로 몇 가지 요소를 고려해 보면 된다. 즉 이 기간 동안의 직업적인 혹은 개인적인 성과, 가능한 수입, 라이프 스타일 등 세 가지를 중점적으로 계산해 보는 것이다.

일, 수입, 라이프 스타일에 대한 나름대로의 해답을 구하고 나면 단기적인 목표가 확실해질 수 있다. 목표를 설정할 때는 논리적으로만 사고해서는 안 된다. 자신의 창의력, 감정, 가치, 신념 따위를 전부 포함시켜야 한다. 만약 기혼이라면 배우자의 감정, 가치, 신앙 등의 요소도 고려해야 한다. 어떤 중요한 선택을 할 때 배우자의 영향력도 무시할 수 없기 때문이다.

4단계 | 자아 변신을 위한 준비

구체적인 단기 목표를 세운 다음에는 어떻게 실천할 것인지 연구해야 한다. 만약 지금 당신이 직장에서 중간관리자라면 10년, 20년 후에 최고경영자가 될 목표를 세울 수 있다. 그렇다면 무엇보다도 자신이 해야 할 일을 알기 위해 다음의 문제들에 답을 구해 봐야 한다.

첫째, 어떤 점을 특별히 보강해야 경영자로서의 자격을 갖추게 되겠는가? 어떤 분야의 책들을 중점적으로 읽어야 하나?

둘째, 순조롭게 승진하기 위해 반드시 해결해야 할 내적인 장벽은 무엇인가?

셋째, 지금의 상사는 나에게 도움이 되는지, 아니면 어떻게 해를 끼치고 있는지?

넷째, 지금의 직장에서 최고경영자가 될 가능성은 얼마나 되는가? 현재의 직장에 남는 것이 다른 직장으로 옮기는 것보다 더 나은가?

다섯째, 최고경영자들은 평균적으로 어떤 자질을 갖추고 있는가?

5단계 | 실천

인생 설계에서 가장 어려운 단계는 바로 행동을 취해야 하는 때이다. 이제 꿈꾸기를 멈추고 성공과 실패를 결정하는 구체적인 행동을 해야만 하기 때문이다. 좋은 동기는 목표를 세우고 실현하기 위한 하나의 조건이지 전부는 아니다. 행동으로 전환되지 않는 동기는 의미가 없고, 목표도 몽상에 그치고 만다. 인생의 궁극적인 목표를 실현하기 위해서는 두 개의 '함정'을 피해야만 한다. 나태함과 실수가 바로 그것이다. 무엇보다도 나태함은 성공의 천적이다.

개미처럼 평생을 일해도 꿈을 이루지 못하는 사람들이 태반인데,

94

게으른 사람은 말할 필요도 없다. 후회 없는 인생을 위해서는 확실한 목표 이외에도 전력을 다하는 자세가 필요하다. 온갖 장애와 유혹도 피하기 힘들지만, 작은 실수도 인생의 과녁에서 멀어지게 만든다. 그러나 실수를 저지르지 않는 인간은 없는 법이니 실수를 최소한으로 하도록 노력해야 한다.

6단계 | 목표의 변경

인생의 목표는 일반적으로 사회적 환경과 조건의 영향을 받는다. 그런데 환경과 조건은 항상 변화하므로 목표도 수정되고, 새롭게 변경될 수 있다. 목표는 전진을 위한 이정표와 같으므로 이에 집착하지 말고 현실적으로 조정하는 것이 현명하다.

수업 시간에 선생님이 학생들을 테스트하기 위해 다음과 같은 이야기를 했다.

세 마리의 사냥개가 족제비 한 마리를 뒤쫓고 있었다. 족제비가 나무 밑의 굴로 도망간 지 얼마 안 되어 그 굴에서 토끼 한 마리가 튀어나왔다. 토끼는 잽싸게 큰 나무 위로 올라갔다. 그런데 나뭇가지가 부러지는 바람에 토끼가 아래로 떨어졌다. 공교롭게도 사냥개들 머리 위로 떨어지는 바람에 토끼는 위기를 벗어나 멀리 도망쳤다.

선생님은 "이 이야기에 무슨 문제가 있는지 아는 사람?" 하고 물었다. 학생들은 "토끼는 나무 위로 올라갈 수 없어요." "토끼가 어떻게 세 마리의 사냥개 위로 떨어질 수 있죠?" 등의 이야기를 했다. 계속 문제점을 말하라고 했지만 학생들은 선생님이 원하는 답을 말하지 못했다. 그러자 선생님이 이렇게 물었다. "족제비는 어디로 갔지?" 이 말에 학생들은 사냥개에만 초점을 맞추느라 족제비의 존재를 잊었다는 사실을 깨달았다.

숨 가쁘게 살다 보면 우리는 때로 사소한 문제들이나 '무가치한' 일들에 정력을 빼앗기거나 시선이 몽롱해져서 주저앉곤 한다. 더러는 샛길로 빠져 원래의 목표를 포기하기도 한다. 사냥개들이 좇던 '족제비'는 어디로 갔는지, 내 마음속의 목표는 어디로 갔는지 수시로 챙겨야 하지 않겠는가?

008
마음속의 창을 닦아라

성격이 불같은 은행가가 있었다. 그는 세상일을 모두 마뜩잖게 생각했고, 사는 재미도 전혀 느끼지 못했다. 어느 날 그는 인근에 아주 행복하게 사는 교수가 있다는 이야기를 듣고 찾아가기로 결심했다. 혹시나 그에게서 행복의 비결을 들을지도 모른다는 호기심이 일었던 것이다.

돈이 많다는 자부심으로 교만해진 은행가는 교수의 집에 들어서자마자 불만을 늘어놓았다. 고분고분하지 않은 아내, 자신을 존경하지 않는 아이들, 감사할 줄 모르는 직원들 등등이 은행가의 심사를 뒤틀리게 했던 것이다. 게다가 그는 자신이 얼마나 부자인지, 사회적으로 얼마나 대단한지 떠벌렸다.

교수는 은행가가 불행한 원인을 대번에 알아차렸지만 묵묵히 이야기를 들었다. 얼마 후 교수는 은행가를 거실 창문 앞으로 데려갔다. "창 너머로 무엇이 보입니까?"라고 교수가 물었다.

"남자가 지나가는데요. 여자와 아이들도 보이고요." 은행가가 대답했다.

"맞습니다." 교수는 다시 거실의 거울 앞으로 은행가를 데려갔다. "지금 거울을 통해 무엇을 보고 있습니까?"

"당연히 내 모습이지요." 은행가는 짜증스럽게 대답했다.

"재미있지요? 창문과 거울은 똑같이 유리로 만들었는데, 차이점이라면 거울의 유리 뒤에는 수은을 발랐다는 것이지요. 하지만 약간의 수은으로 인해 사람들은 타인을 보지 못하고 자신만을 보게 됩니다."

거울은 스스로를 보게 만든다. 거기에는 앞에 선 사람의 고뇌, 스트레스, 고독 등이 모두 드러난다. 그에 비해 닦은 창은 주위의 아름다움과 사람들의 호의까지도 비춰 준다.

인간은 누구나 자신의 창을 갖고 있다. 이 창을 통해 우리는 세상, 주변 사람들, 자신의 모습을 관찰한다. 만약 눈앞의 창이 깨끗하지 않다면 창 너머의 사물이나 사람들도 지저분하고 흐릿하게 보일 것이다. 왜곡된 모습으로 보이는 것들에 대해서는 긍정적으로 생각할 수 없는 법이다.

밝은 눈으로 세상을 보기 위해서는 문제를 객관적으로 분석하고, 생각을 바꾸는 방법을 익혀야 한다. 생각을 바꾸면 마치 창밖에서 자신을 보는 것과 같이 냉정하게 스스로를 분석할 수 있다. 그러면 실패 후에도 맹목적으로 자신을 부정하지 않고, 성공한 자신을 과대평가하지 않을 수 있다.

사고의 전환은 객관적으로 문제를 분석하는 데는 물론, 성공적인 인생을 위해서도 반드시 필요한 전제이다. 언제나 자신의 시각과 이익을 고집하다 보면 이기적인 삶을 벗어날 수 없다. 하지만 생각을 바꿔서 역지사지의 심정으로 상대를 대하면, 다른 사람에게는 너그러워지고 자신에게 엄격해짐으로써 맑게 닦은 창과 같은 마음을 가질 수 있다. 마음속의 창을 닦고, 때로 스스로의 마음을 들여다보면 삶의 폭이 한결 넓어지고 여유가 생긴다.

$\overset{\text{No.}}{4}$ 성공적인 삶을 위한 체크 리스트

이상적인 인생 목표를 세웠는가? ☐

목표를 실현할 수 있는 계획을 가지고 있는가? ☐

목표 달성을 위한 방법과 지식을 갖추었는가? ☐

목표를 달성할 수 있다는 믿음이 있는가? ☐

정신과 감정을 적절하게 조절할 수 있는가? ☐

동료와 잘 단결하고, 협조적인 관계를 유지하고 있는가? ☐

사람들이 당신의 일을 도울 마음이 들게 할 수 있는가? ☐

성실하고 열정적인 자세로 타인과 조직을 위해 봉사하는가? ☐

평상시에 일에 대한 계획을 세우는가? ☐

평소의 생활이 만족스러울 만큼 효율적인가? ☐

고생을 감내하면서 일에 헌신할 수 있는가? ☐

좌절, 충격, 실패 등을 견뎌낼 수 있는가? ☐

일의 '후방' 기지인 연애나 가정이 안정적인가? ☐

건강과 일에 해로운 버릇을 떨쳐 버릴 수 있는가? ☐

나를 이기는 習

Chapter 2

성공을 부르는 평상심

누군가 당신에게 꿈을 이룰 수 없다고 말할 때는 차라리 귀를 막고 귀머거리가 되라. 우리는 많은 경우 실패를 했기 때문에 포기하는 것이 아니라, 포기하기 때문에 실패한다. 무슨 일을 하든 '절대로 불가능해' 라는 생각을 하면 영원히 성공할 수 없다. 반대로 '반드시 할 수 있지만 문제는 어떻게 해야 하는가'라고 생각한다면 많은 어려움을 극복하고 성공의 기쁨을 맛보게 된다.

01
부자가 되려면 **사람**을 공부하라

　　오늘날 돈은 매우 중요한 사회적 기제가 되었다. 화폐, 혹은 돈의 역사는 인류 문화 발전의 축소판인 것이다.

　돈은 일종의 역량이자, 부의 지표, 권력이다. 상당히 많은 일들을 돈으로 해결할 수 있으므로 우리는 돈이 어떻게 모습을 바꿔서 작용하는지를 정확히 알아야 한다. 이를 위해서는 평상심을 갖는 것이 가장 중요하다. 돈의 본질을 이해하여 현명하게 운용하는 데에는 평상심이 수반되어야 하기 때문이다.

　문제는 돈을 벌거나 쓰는 데 있어 많은 사람들이 병적인 심리를 갖고 있다는 사실이다. 그 이유는 정신적으로 돈에 대해 죄악감, 수치감, 불안감 따위를 느끼기 때문이다. 돈을 너무 탐하는 것은 병이지만, 이유 없이 거부감을 갖는 것도 일종의 병이라 하겠다. 세상의 모든 것들이 유동하는 것처럼 돈 또한 움직여야 한다. 이렇게 생각하면 돈이란 나의 것이기도 하지만, 내 소유가 아니기도 하다.

우리는 안빈낙도安貧樂道와 안부낙도安富樂道의 자세를 모두 갖출 때 물질에 얽매이지 않고 살 수 있다.

기업 경영은 사실상 사람에게 투자하는 것이다. 돈을 좇느라 지친 사람은 큰돈을 벌 수 없다. 순리를 따라 사업을 하는 사람만이 정상에 오를 수 있다. 하지만 때로는 흐르는 물을 거슬러 올라가고, 남들이 가지 않은 새로운 길을 만들면서 통념은 무시해야 한다. 모든 사람이 가는 길을 따라가는 대신 다른 길을 개척하면 절호의 기회를 만날 수 있다.

사업에서 성공하기 위한 가장 중요하고 기본이 되는 조건은 계산을 잘하는 두뇌가 아니라 마음 자세이다. 여기서 말하는 마음 자세란 실패했거나 곤경에 빠졌을 때에도 부정적인 마음을 갖지 않는 낙천성, 성공한 순간에도 돈, 명예, 박수 소리에 담담하게 반응할 수 있는 초연함이다. 한 마디로 말해 매 순간 평상심을 유지하는 것이다.

경영은 바다를 항해하는 것과 같다.
작은 배에 너무 많은 물욕과 허영심을 실으면 목적지에 도착하기 전에 침몰한다.

001
세계적인 기업에는 스타일이 있다

기업의 미래는 경영자가 얼마나 수양을 쌓았는가에 달려 있다. 정상에 있는 사람에게는 다양한 자질이 요구되지만, 그중에서도 마음을 다스리는 능력은 매우 중요하다. 여기서 말하는 마음을 다스리는 능력이란 사업을 할 때의 평상심을 말한다. 그리고 경영자의 심리적 특성은 기업의 분위기를 결정한다.

세계적인 기업은 독특한 스타일과 분위기를 지니고 있다. 예를 들어 IBM의 안정성, 마이크로소프트의 재기발랄함, 오라클의 공격적인 경영 등이 그러하다. 그렇다면 기업이 건전하게 발전하기 위해서는 경영자가 어떤 마인드를 갖춰야 하는가?

첫째, 전문 인력을 중시해야 한다. 한국의 기업들은 영세한 중소기업에서 첨단의 IT 분야에 이르기까지 한국의 문화적 전통을 벗어나지 않는다. 그래서 한 조직의 질서, 특히 임원진의 구성은 대부분 CEO의 개성 및 그의 네트워크와 깊은 관련이 있다. 기업 경영이 날로 전문화되면서 전문성이 높은 엘리트들에 대한 수요는 더욱 커지고 있다. 따라서 기업의 오너와 우수한 전문 인력들이 상호 보완하며 윈윈할 방도를 깊이 있게 연구해야 한다.

둘째, 실패에 대비해야 한다. 새로운 투자를 할 때는 리스크를 감수할 심리적 준비가 필요하다. 1992년에 IBM은 46억 달러의 영업 손실을 보았고, 몇 년 후에도 기대했던 신규 사업 부문에서 큰 실패를 했다. 하지만 몇 년 동안의 조정 기간을 거쳐 손실을 완전히 만회했다. 이 과정은 많은 기업들에게 귀감이 될 만하다.

셋째, 외부 평가에 동요하지 않는 자신감을 지녀야 한다. 시장과 사회에 대한 영향력이 커지면서 기업, 특히 상장 기업은 여론으로부터 자유롭지 못하다. 엇갈리는 평가와 소문들에 대처하기 위해서는 적절한 홍보와 함께 좋은 이미지를 심는 것이 중요하다. 하지만 가장 기본적인 것은 기업과 경영주가 자신감과 더불어 세간의 평가에 흔들리지 않는 배짱을 지니는 것이다. 자신감이 있는 사람이 매력적으로 보이고, 매력이 있어야 이미지도 재고되는 것은 부정할 수 없는 사실이다.

기업의 최고위층은 평상심을 가지고 있어야 치열한 시장 경쟁에서 소기의 목적을 이룰 수 있다. 그렇다면 어떻게 하는 것이 평상심을 유지하는 것인가?

002
경영의 근본은 인간이다

세계적인 재벌인 홍콩의 리자청李嘉誠은 천재적인 사업가라는 평가를 받고 있다. 그의 절친한 친구인 쫭스핑庄世平은 리자청의 성공 비결을 '진실하게 사람을 대하고, 믿음으로 일을 한다'는 말로 압축했다.

리자청은 '성실'을 사업가가 가져야 할 신조이자 기업의 성공을 좌우하는 관건으로 믿는다며 "홍콩과 전 세계를 상대로 사업을 하면서 가장 중요하게 여기는 것은 신용이다. 일시적인 손실은 회복할 수 있지만 신용과 명예를 잃으면 아무 일도 할 수 없다."고 했다.

도덕성을 강조하는 그는 성실과 신용을 최우선으로 하여 '모두가 함께 돈을 벌어야 한다'는 원칙을 고수하고 있다. 그래서 홍콩의 언론과 경제 전문가들은 그를 '투기와 기만으로 돈을 버는 풍토가 만연한 가운데 성실하고 정직하게 스스로에게 책임을 지는 인물'이라며 존경을 표한다.

'경영의 신'이라는 소리를 듣는 리자청이 사업가로서 성공하게 된 이유 중 하나는 사람과 조직을 움직이는 뛰어난 능력이었다. 그는 대기업을 경영하면서 개인의 능력에만 기대는 것은 부족하고, 반드시 체계화된 조직을 구축하고 전문적인 엘리트를 확보해야 한다는 사실을 잘 알고 있었다.

그는 "지금도 '창장長江실업'이라는 명칭을 고수하는 이유는 나 자신이 넓은 가슴으로 사람들과 어울려 일하겠다는 초심을 지키기 위해서"라고 고백했다. 이 말에서 알 수 있듯이 무엇보다 인재를 중시하는 그는 재능 있는 전문가들을 영입하는 데 많은 노력을 했다. 그리고 이런 엘리트들은 리자청의 씽크탱크로서 안정적인 성장에 큰 기여를 했다.

그는 자신의 행운은 '책임감 있는 유능한 조력자들'을 확보한 것이라고 했다. 그래서 "나의 경영 철학은 바로 나를 기꺼이 돕는 사람들과 함께 일하는 것"이라고 서슴없이 말하고 있다.

리자청의 경영 철학은 특별한 점이 없어 보인다. 혹자는 그가 너무 평범한 사람이라고 말한다. 하지만 이 점이 바로 리자청이 평상심을 잃지 않는 인물이라는 반증이라 하겠다.

003
삼국지로 보는 경영의 세 단계

삼국지의 세 군주 조조, 손권, 유비는 어떤 의미에서 보면 대사를 도모하는 세 단계를 상징한다고 볼 수 있다. 유비는 첫 번째 단계이다. 유비는 큰 귀와 긴 팔이 특징적인 것 이외에는 보통 사람들과 다른 점이 하나도 없었다. 현대 경영학의 관점에서 보면 그는 자본과 사회적 네트워크가 전혀 없이 사업에 뛰어들었다고 할 수 있다. 그가 맨 처음 의지했던 것은 관우, 장비와 맺은 의형제 관계뿐이다. 그 후 동탁, 노식, 조조, 유표 등과 어렵사리 동반자적 관계를 형성했다. 근거지도 없었지만 몇 차례의 전투라는 작은 사업을 통해 명성과 세력, 즉 지명도와 자본을 획득했다.

두 번째 단계는 대기업을 안정시키고 발전해 나가는 단계로, 손권의 경우가 바로 그러하다. 손권은 동쪽을 차지하고 지속적으로 수성의 입장을 고수했다. 달리 말해 이미 확보한 기반을 지키면서 시장에서 일정 지분을 차지하는 데 역점을 둔 것이다. 세력의 확장을 꾀하지 않고 조용히 관망하다가 상대가 도발하면 제압하면서 힘을 축적한 그가 적벽대전과 이능에서의 승리로 조조와 유비를 대파한 것은 큰 수확이었다.

손권의 휘하에는 인재가 없었다. 제갈량과 같이 대세를 꿰뚫고 기획하는 인물, 관우나 장비와 같이 용맹한 장수가 없었던 그가 의지한 것은 개인이 아닌 집단의 힘이었고, 선진적인 관리 방식이었다. 융통성이 많은 손권은 외부의 인재를 과감히 기용하였고, 유비와의 협조 체제로 조조를 상대했다. 형주를 잃는 손실도 결국 만회했다. 무엇보다 손권은 권력을 분산하는 데 능했다. 즉 주유, 노숙, 여몽, 육손 등에게 권력을 나눠 줌으로써 서로 경쟁하며 능력을 발휘하도록 했다.

세 번째 단계는 조조이다. 조조는 수많은 인재들을 거느림으로써 위세를 떨쳤고, 최고결정권자로서 뛰어난 전략과 안목으로 기회들을 만들어 새로운 분야를 개척했다.

좀 다른 시각에서 보자면, 삼국에는 현대의 인사 관리 시스템과 유사한 점이 상당히 많았다. 예를 들어 유비의 회사는 경직된 관리 체제로 인해 직원들이 능력을 자유롭게 발휘할 수 없었다. 장수들도 그 수나 질에 있어 현저히 뒤떨어졌다.

경력이 오래된 임직원들도 경영에는 걸림돌이 된다. 관우나 장비 같은 인물들은 높은 대우를 받으면서도 나중에는 별다른 공을 세우지 못했다. 외부에서 영입한 방통도 제갈량과의 경쟁에서 도태되었고, 위연도 반골이라는 의심만 받으며 제대로 활동하지 못했다. 결론적으로 말해 유비는 인재들을 제대로 활용하지 못했고, 기대했던 몇 명도 대업을 달성하지 못했다.

손권의 회사는 동향 출신을 많이 기용하는 특징이 있다. 오늘날의 온주에 해당하는 장강 동부 지역의 인물들은 단결해서 손권에게 큰 도움이 되었다.

조조는 경영에 있어 가장 개방적인 태도를 보인 인물이다. 출신을 불문하고 널리 인재를 구했으며 단점이나 하자를 문제 삼지 않았다. 능력만 있다면 과거의 잘못을 따지지 않았음은 물론이고 자신을 욕하는 인물도 과감히 기용했던 것이다. 또한 특정 인물에 지나치게 기대를 거는 우를 범하지도 않았다.

조조는 경험주의자라 할 수 있다. 손해를 두려워하지 않았고, 돈을 벌 수 있다면 모험을 감수할 줄 알았다. 박학한 조조는 새로운 시도들을 멈추지 않았고, 손해와 이익이 교차되는 과정을 통해 발전했다.

성공 못지않게 실패한 경영 모델도 살펴볼 필요가 있다. 원소의 경우는 출신 배경이 좋았지만 개인적인 호불호가 너무 뚜렷했고, 원칙 있게 일을 처리하지 못했다. 오늘날 고용자들이 학력을 따지듯이, 원소는 부하들의 출신 배경에 연연했다.

여포도 전형적인 실패한 경영자의 모델이다. 지나치게 여자를 밝혔다는 사실은 차치하더라도, 잘못된 가치관은 확실히 그의 발목을 잡았다. 유비, 관우, 장비 세 사람을 합쳐도 능가할 만큼의 능력이 있었지만 조직에는 전혀 맞지 않는 인물이었던 것이다. 여포는 기업을 할 만한 그릇이 못 되는, 무술에 뛰어난 전문가에 불과했던 것이다.

이상의 사례에서 볼 수 있듯이 경영인으로서의 성패를 가름하는 것은 결국 인품과 자질이다.

004
원숭이의 비극을 기억하라

찻주전자를 팔기 위해 장에 가는 사나이가 있었다. 산언덕을 넘던 중에 그의 광주리에 담긴 찻주전자 몇 개가 땅에 떨어져 박살이 났다. 뒤도 돌아다보지 않고 계속 길을 가는 그에게 어떤 사람이 말을 건넸다. "여보시오, 찻주전자가 땅에 떨어져 깨졌으니 빨리 살펴보시오!" 그러자 사나이는 대꾸했다. "기왕에 깨진 것을 다시 봐서 무슨 소용이 있겠소?"

이야기 속의 사나이는 지혜로운 자가 틀림없다. 일상에서 혹은 사업을 할 때 이 사나이와 같은 마음가짐으로 임하는 사람들은 많지 않다. 많은 사람들이 이해득실을 따지느라 정신이 없고, 이미 깨진 '찻주전자'에 대한 후회로 시간을 허비한다. 심할 경우에는 지나간 일에 정신을 빼앗겨 더 많은 찻주전자를 깨뜨려 버린다.

살다 보면 생각지도 못했던 일들이 불시에 일어나곤 한다. 사람들은 모두 성공하려 하지만 성공은 그렇게 쉽게 손에 넣을 수 있는 것이 아니다. 많은 좌절과 실패를 겪은 다음에야 겨우 가능하다.

당신이 불행을 당하거나 충격을 받았을 때 평상심을 유지할 수 있는지의 여부는 매우 중요하다. 괴로운 일들을 잊는 것이 초심을 배반한다는 의미는 아니다. 만회할 수 없는 일들을 포기한다고 해서 당신의 남은 인생이 빛을 잃는 것도 아니다. 하늘은 한쪽 문을 닫는 동시에 다른 문을 열어 놓는다. 당신은 물러날 수도, 전진할 수도, 수비를 공격의 수단으로 만들 수도 있다. 분명한 사실은 때가 무르익으면 패배를 승리로 전환할 수 있다는 것이다.

인도의 열대림에서는 특이한 방법으로 원숭이를 잡는다. 작은 나무 상자 속에 원숭이가 좋아하는 견과류를 넣은 다음 위쪽에 손을 넣을 정도의 작은 구멍을 뚫어 놓는다. 그러면 견과를 움켜쥔 원숭이는 구멍에서 손을 빼지 못하고 사냥꾼들에게 잡힌다. 손에 들어온 것은 놓지 않는 원숭이의 습성을 이용한 사냥법인 것이다.

사람들은 원숭이가 견과류를 포기하고 도망가지 않았다고 비웃는다. 하지만 스스로를 되돌아보면 원숭이만 그런 실수를 하는 건 아니라는 사실을 발견할 것이다.

현재 하고 있는 일과 직위를 포기할 수 없는 사람들은 허둥지둥하며 정말로 중요한 것들을 놓치고 만다. 유혹적인 돈을 위해, 기회를 거머잡기 위해 혈안이 되었다가 자승자박을 면치 못한다. 권력욕, 승진, 뇌물 따위를 위해 인격과 자존심을 버렸다가 후회막급인 상황에 빠지기도 한다.

경영은 바다를 항해하는 것과 같다. 작은 배에 너무 많은 물욕과 허영심을 실으면 목적지에 도착하기 전에 침몰할 수밖에 없다. 배에는 꼭 필요한 물건만을 실어야 한다. 우리가 원숭이의 비극에서 얻을 교훈은 손을 놓아야 할 때 꼭 그리해야 한다는 것이다.

112

005
위기의식은 약이 된다

중국의 대형 가전업체 하이얼海爾의 장루이민張瑞敏 총재는 "최근 몇 년 동안 내 머릿속에는 '두려움'이 자리 잡고 있다. 마치 깊은 바다에 빠진 것도 같고, 살얼음판을 걷듯이 전전긍긍하고 있다. 시장 경쟁은 너무 잔혹해서 무서울 따름이다."라고 말한 바 있다.

하이얼은 2000년에 매출액이 400억 위안을 넘어섰고, 중국 이외의 지역에 7개의 공업단지와 46개의 공장, 15개의 디자인센터를 두고 있다. 상품은 약 160개국에 수출되고 있고, 조만간 세계 500대 기업에 진입할 것이라 한다. 하이얼이라는 중국 굴지의 기업 총재가 느끼는 '두려움'의 정체는 무엇인가?

비즈니스의 세계는 전쟁터와 같아서 살아남지 못하면 곧 죽음을 맞이하게 된다. 그렇기 때문에 사업가들은 '대담한 자는 살아남고, 소심한 자는 굶어 죽는다'는 긴장감을 잃지 않으려 노력한다.

'두려움'의 본질은 강력한 위기감과 긴박감이다. 치열한 경쟁, 변화를 예측할 수 없는 시장에 대한 우려, 자신의 약점과 부족함에 대한 걱정 등이 두려움이라는 감정으로 나타나는 것이다.

두려움의 긍정적인 면은 크고 멀리 볼 수 있는 안목을 갖게 하여 경영의 질을 향상한다는 것이다. 아무런 두려움이 없는 경영인은 앞으로 겪게 될지도 모르는 문제들을 고려하지 않기 때문에 위기가 발생하면 극복하기 힘들다. 두려움의 전제는 이성이고, 그 산물이 심각한 위기감과 긴박감인 것이다.

장루이민은 "시장에서 기업의 위치는 비탈길에 놓인 공과 같다."고 했다. 샤오텐어小天鵝 그룹의 '종말 경영', 중국 제화업계의 정상인 선다森達 그룹의 '오늘이면 늦는다'라는 기업 정신에는 '두려움'이 포함되어 있다.

그다음으로 들 수 있는 '두려움'의 긍정적인 특징은 새로운 것을 만들어 내는 창조력이다.

2000년 겨울, 맥주회사들은 비수기를 맞이했지만 충칭重慶 맥주 그룹은 1999년에 비해 매출액이 2배 이상 증가하는 성장을 이룩했다. 전통적으로 겨울에는 맥주 시장이 위축되지만, 이 회사는 신제품을 출시하여 소비 패턴을 바꾼 것이다. '보통 사람들이 할 수 없는 생각을 하고, 하지 않는 행동을 한다'는 창의적인 발상이 적중했던 것이다.

결국 '두려움'은 큰 지혜라 할 수 있다. 위기감 속에서 생존하고, 두려움을 동력 삼아 외부로부터의 압력을 견뎌 내는 것이다. 당신이 성공하는 순간 다른 사람들의 과녁이 되지만, 이를 이겨 내기 위해 힘을 축적하다 보면 새로운 돌파력이 생기는 것이다. 그러므로 우리는 빨리 뛸수록 주위에 위기의 조짐이 없는지 살펴봐야 한다. 위기감이 강할수록 성공의 가능성도 높아진다.

두려움은 당연히 근거 없는 잡념이나 강박적인 의심이 아니다. 더욱이 자신의 능력에 대한 의문에서 비롯된 것이 아니다. 건전한 경제 활동을 하면서 느끼는 두려움이란 시장 경쟁에 대한 이성적인 문제의식이자 철저한 책임감에서 비롯된 것이어야 한다.

장루이민은 두려움에 대해 이렇게 결론짓고 있다. "편안한 가운데 위기를 생각하는 사람이야말로 경쟁에서 승리할 수 있다. 기업을 하는 사람들이 시장을 잃을까 걱정한다면 새로운 시장을 개척할 것이다. 심리적으로 두려움을 느끼고 그것을 해소하기 위한 행동을 취하다 보면 두려움은 사라질 것이다."

006
인심과 이윤을 얻는 최고경영자의 요건

기업가가 평상심을 유지하고 경쟁에서 이기기 위해서는 다음과 같은 점을 명심해야 한다.

때로는 굽힐 줄 알아야

우리가 하는 일들 가운데 십중팔구는 뜻대로 되지 않는다. 예를 들어 심혈을 기울여 마련한 기획안이 상사의 이해와 지지를 받지 못하고 묵살된다. 뛰어난 성과를 냈음에도 불구하고 억울하게 비판을 받거나 뒷말을 듣기도 한다. 또한 거래처나 고객의 억지로 인해 골머리를 썩기도 한다. 이런 일들이 거듭되면 위축되지 않을 수 없다.

하지만 뜻대로 되지 않을 때 인내하지 못하면 큰 화를 부르게 된다. 뛰어난 사업가들은 절망적인 상황에서 냉철하게 국면을 파악하며 한 발 물러남으로써 전화위복의 계기를 만들곤 한다. 역사적으로 보면 한신의 굴욕, 사마천의 궁형, 덩샤오핑의 세 차례의 실권 등은 치명적인 굴욕이었지만 이들은 인내를 통해 불후의 업적을 남겼다. 만난을 견디고 나면 후회하지 않게 되므로 어떤 순간에도 정신적인 평정을 유지하고 묵묵히 자신의 일에 전념하는 자세가 필요하다.

존중과 배려

조직에서 윗사람을 존중하고 아랫사람을 배려하는 것은 인화를 이루는 기본 원칙이라 할 수 있다. 인화는 기업가들에게 매우 중요한 문제이다. 우선 부하들은 상사를 존중하고 복종해야 한다. 특히 공식석상에서는 더욱 주의하여 상사의 권위를 존중함으로써 체면이 깎이지 않게 해야 한다. 상사가 틀린 점이 있으면 적당한 기회에 합리적인 건의를 해야 한다.

그다음으로 동료들과는 서로 존중하고 장점을 주로 봄으로써 불평불만을 줄이는 것이 좋다. '혼자 있을 때는 자신의 허물을 생각하고, 한담을 할 때는 남의 험담을 하지 않는' 것은 대인관계의 철칙이다. 스스로에게 엄격하고 타인에게 관대하다는 것은 아랫사람을 대하는 중요한 태도이다. 즉 부하들이 쉽게 다가올 수 있도록 권위적인 자세를 버리고, 그들의 건설적인 의견과 비판에 귀를 기울여야 한다. 그러면 부하들은 적극적으로 창의성을 발휘할 것이다.

철저한 업무 파악

기업가는 마스터플랜을 가지고 업무를 잘 파악한 뒤 합리적으로 자원을 배분해야 한다. 업무를 파악한다는 것은 간단히 말해 '인력, 재무, 자재, 생산, 공급, 판매'의 여섯 가지 부문에 대한 철저한 이해를 의미한다.

인력은 기업의 인적 자원, 재무는 자금 현황 및 자금 운용과 관련된 재무제표, 통계 등을 말한다. 자재는 각종 원자재, 사무용품 및 회사 건물 등을 포함한다. 생산은 품질 관리, 신제품 개발, 원가 계산, 안전, 위생 등 생산의 모든 과정을 포함한다. 공급은 원자재 구매, 가격, 계절적 변화 등의 요소를 포괄하는 개념이다. 판매는 제품 판매 및 그와 관련된 모든 과정을 의미한다.

경영자는 수시로 현장을 방문하여 실상을 파악해야만 신속하고도 탄력적인 의사 결정을 할 수 있다. 여기서 강조할 점은 경영자가 업무를 잘 파악해야 한다는 것이지, 업무에 정통할 필요는 없다는 것이다. 기업의 모든 분야에 정통하기 위해서는 모든 분야의 전문가가 되어야 하는데, 그것은 사실상 불가능한 일이다.

실사구시 정신

경영자는 기업의 인력, 물력, 자금, 기술 등을 합리적으로 배분하고 운용하여 최대의 이윤을 남겨야 한다. 여기서 경영자의 실사구시란 각 부문의 기초부터 시장에 이르기까지 세밀한 조사와 연구, 분석을 거쳐 가장 정확한 결론을 얻는 것을 뜻한다.

기업의 구조도 복잡하지만 시장의 변화는 더욱 더 예측하기 힘들다. 과학적이고 실제적인 분석이 없이 시장을 판단하는 것은 만용에 불과하다. 경영자들 가운데는 창업 초기의 성공으로 돈을 많이 벌면 문어발식으로 기업을 확장하면서도 우수한 인력을 충원하지 않아 경영난에 빠지는 경우가 있다. 돈키호테 같은 오너의 방만한 경영으로 인해 도산하는 기업들은 적지 않다.

무한 책임을 지는 자세

춘추 시대 진晉나라에 이리李離라는 판관이 있었다. 한 사건을 심리하던 그는 부하의 말을 듣고 억울한 사람을 범인으로 착각하여 죽게 만들었다. 진상이 밝혀지자 이리는 자신의 죽음으로 속죄하겠다고 했다. 문공은 "관리는 계급이 있고, 죄에는 경중이 있는 법이다. 하물며 이 사건은 아랫사람이 실수를 한 것인데 그대가 죽는다는 것은 어불성설이다."라고 말렸다.

그런데 이리는 자신의 책임을 분명히 밝혔다. "저는 평소에 부하들에게 함께 관리를 한다고 말했지만 녹봉을 같이 나누지는 않았습니다. 이제 제가 잘못을 아랫사람에게 전가한다면 어찌 많은 사람들을 설득할 수 있겠습니까!" 말을 마친 이리는 그 자리에서 검을 빼들어 자진했다.

타인의 잘못을 교정하기에 앞서 자신의 잘못을 고치고, 큰일을 하기에 앞서 인격을 갖춰야 한다. 경영자는 피고용자들을 잘 관리하려면 스스로 귀감이 되어야 한다. 훌륭한 롤 모델은 막강한 위력을 가지며, 경영자가 사원들 사이에서 존경과 위엄의 대상이 되면 단결력이 배가된다. 인심을 얻는 사람이 천하를 얻는다는 말처럼, 부하들의 뇌리에 훌륭한 경영인으로 각인되면 기업 경영은 호랑이가 날개를 단 듯이 수월해진다.

최고경영자들은 뛰어난 인재들을 거느리고 싶어 한다. 하지만 역으로 생각하면 직원들은 이상적인 최고경영자상을 가지고 있다. 즉 모든 일에 몸소 앞장서는, 믿고 따를 만한 인물이 기업의 주인이어야 한다고 생각하는 것이다. 이런 요구를 이해하는 경영인들이 어떻게 행동해야 할지는 굳이 말할 필요가 없을 것이다.

007
인재 활용의 두 가지 중심축

경영자가 인재를 잘 활용하는 것은 기업 발전의 핵심적 요소이다. 인적 자원을 활용하는 방법은 다음과 같다.

적재적소의 원칙

초나라와 한나라의 경쟁에서 유방이 패권을 차지할 수 있었던 결정적인 요인은 장량의 책략, 소하의 내조, 한신의 전투력이었다. 또한 짚신 장수였던 유비가 삼국이 정립하는 상황에서 일각을 차지할 수 있었던 것은 삼고초려로 초치한 제갈량의 도움 때문이었다. 미국의 강철왕 카네기는 "내 전 재산을 잃더라도 인재만 있다면 4년 후에 다시 강철왕이 될 수 있다."고 말했다. 이와 같이 인재를 보유하면 무에서 유를 창조할 수 있다. 이와는 반대로 인재를 갖추지 못하면 모든 것을 잃게 된다. 적재적소의 원칙이란 바로 사람을 알아보고 잘 활용하는 것이다.

〈자치통감資治通鑑〉에서는 인간을 네 가지 유형으로 분류했다. 첫 번째는 성인으로 인품과 덕, 재능이 모두 최상의 수준인 인물이다. 두 번째는 군자로 인품과 덕이 있고 재능도 있지만, 덕이 재능보다 더 나은 경우이다. 세 번째는 어리석은 사람으로 덕과 재능 모두 없는 인물이다. 네 번째는 소인으로 재능은 있지만 인품과 덕이 매우 낮고, 재능이 덕보다 뛰어난 경우이다. 성인은 매우 드물고 군자는 기용할 수 있지만 어리석은 자와 소인배는 써서는 안 될 인물이다. 비상시에 어리석은 자는 기용해도 되지만 소인은 써서는 안 된다.

자유로운 의견 개진

지혜로운 사람이 아무리 생각이 깊어도 한 번은 실수를 하고, 어리석은 자도 생각을 거듭하면 한 번쯤은 좋은 수를 내놓는다는 말이 있다. 아무리 능력이 뛰어난 경영자라도 실수를 할 수 있다. 다중의 생각을 모아 유익한 아이디어를 얻는 것은 경영자에게 무엇보다 중요하다.

이를 위해서는 우선적으로 경영자가 박학다식해야 한다. 지식이 부족하면 많은 사람들의 의견에 적절한 반응을 보이고, 정확한 분석과 판단을 내릴 수 없기 때문이다.

언론의 자유를 부여한다는 것은 널리 사람들의 생각을 구하고 묻는 것이다. 실력을 갖춘 사람만이 다양한 의견을 유효적절하게 수렴하여 목적 달성에 이용할 수 있다.

그다음으로 경영자는 도량을 갖춰야 한다. 편협한 사람은 타인의 의견을 받아들이기 힘들다. 경영자는 적극적으로 의견을 구해야 할 뿐 아니라, 자신에게 반대하는 사람이나 실패를 했던 사람들의 건의도 받아들일 줄 알아야 한다.

당 태종 이세민李世民과 위징魏徵, 580-643은 신하의 말을 경청하는 황제, 죽음을 무릅쓰고 간언을 하는 신하로서 오늘날까지 귀감이 되고 있다.

마지막으로 중요한 것은 자유로운 발언을 가능하게 하는 형식이다. 좋은 의견을 내놓았을 때 포상을 한다거나 좌담회, 개인적인 건의, 공개 장소에서의 발언 등 의견 개진의 방식을 다양화하는 것이 좋다. 일본의 마쓰시타松下 상사는 한 가정주부가 전기다리미의 줄을 없애고 충전해서 쓸 수 있도록 해달라고 한 의견을 받아들여 신상품을 개발, 매출의 급신장을 이뤘다.

008
아무도 가지 않은 길을 가라

1899년, 스위스 취리히 연방공과대학에 재학 중이던 앨버트 아인슈타인의 지도교수는 수학자 헤르만 민코프스키였다. 아인슈타인의 뛰어난 두뇌를 아꼈던 지도교수는 이 수제자와 과학, 철학, 인생 등에 대해 폭넓은 대화를 나누었다.

어느 날 아인슈타인이 민코프스키 교수에게 "과학 분야에서 길이 족적을 남기려면 어떻게 해야 합니까?"라고 물었다. 매우 어려운 질문이라 생각한 교수는 생각해 보고 대답해 주겠다고 했다.

사흘 후에 민코프스키는 아인슈타인을 건축 현장에 데리고 가서 방금 전에 시멘트를 바른 곳을 걷게 했다. 그 모습을 본 인부들이 소리를 지르자 아인슈타인은 정신이 번쩍 들어 "선생님, 왜 저에게 '잘못된 길'을 걷게 하셨죠?"라고 물었다.

"그래, 바로 그거야!" 민코프스키는 화가 난 인부들은 아랑곳하지 않고 진지하게 설명했다.

"자네도 봤지? 아직 굳지 않은 시멘트 위를 걸어야만 발자국을 남길 수 있어. 오래된 길은 수많은 사람들이 걸어갔고, 발자국도 무수히 많아. 자네는 그런 길에 발자국을 남길 수 없지." 여기까지 들은 아인슈타인은 고개를 끄덕였다. 그날 이후로 아인슈타인의 생각과 행동을 지배한 것은 창조성과 개척 정신이었다.

학교를 졸업한 후 몇 년 동안 아인슈타인은 틈나는 대로 물리학의 세 가지 주제에 몰두하여 뉴턴 역학에 도전하는 이론을 내놓았다. 스물여섯이라는 젊은 나이에 그는 상대성이론을 발표하여 물리학의 신기원을 이룩했고, 계속해서 과학사에 큰 족적을 남겼다. 그는 생전에 이렇게 말했다. "나는 사전에 나오는 내용을 기억하거나 생각한 적이 없다. 나는 아직 책에 실리지 않은 것들에 대해서만 사고했다."

삶의 가치는 창조에 있다. 아직 알려지지 않은 대상에 대해 고민해 보지 않은 사람은 창조와 혁신의 즐거움을 알 수 없다.

끝없는 혁신

눈부신 속도로 변하는 세상에서 기업가들은 먼저 스스로 변화하는 노력을 하고, 항상 새로운 사고방식으로 시장의 수요에 적응해야 한다.

치열한 경쟁이 이뤄지는 시장은 안일한 보수주의자들을 비정하게 도태시킨다. 하지만 용감하게 혁신을 거듭하는 사람들에게 시장 경쟁은 성공을 위한 기회이다. 창조력은 기업 발전의 원천이므로 세상의 모든 성공한 기업가들 가운데 혁신의 능력을 결여한 경우는 거의 없다. 일본의 자동차 메이커들이 미국을 초월한 원동력은 바로 혁신이었다. 단언하건대 오늘날, 그리고 미래의 주인공은 아무도 하지 않은 일에 대담하게 뛰어들어 이상을 현실로 바꾸는, 영원히 현재에 만족하지 않는 개척자들일 것이다.

높은 책임 의식과 효율성의 추구

제갈량의 가장 큰 장점은 높은 책임 의식이었다. 매번 전투를 앞두고 그는 치밀한 전술과 전략을 짜고, 장병들의 개성에 따라 각기 다른 임무를 부여했다. 그리고 싸움이 벌어질 곳에 미리 가서 지형은 물론이고 돌, 개울, 나무까지도 살펴보았다. 이런 주도면밀함으로 그는 싸움에서 항상 이길 수 있었다. 사람들은 제갈량의 천재성은 잘 알지만 성공의 이면에 얼마나 많은 땀이 있었는지는 알지 못한다. 그는 남들이 따라갈 수 없는 책임 의식이 있었기에 재상이 되었고, 길이 역사에 남는 인물이 되었다. 오늘날 머리 좋고 능력 있는 사람들은 많지만 국가, 기업, 가정에 대해 진정으로 책임을 지는 사람들은 얼마나 되는가?

한편 효율성이 높다는 것은 제한된 삶을 더욱 의미 있고 내실 있게 사는 것을 뜻한다. 제갈량이 세상에 나와 공을 세운 때는 27세였고, 저우언라이周恩來가 량광兩光, 광둥성과 광시성 총서기가 된 나이는 불과 26세였다. 이들과 비교하여 스스로에게 질문을 던져 보라. 어떤 일에 매진할 것인가? 어떤 일은 하지 않아도 되는가? 어떤 말은 하지 말아야 하는가?

내일의 성공을 위해서는 반드시 시간을 절약하고, 상투적인 틀을 벗어나 높은 효율성을 추구해야 한다.

장기적인 비전

경영인에게 비전이란 장기적인 발전 방향 및 그에 걸맞은 목표와 전략을 수립하는 것을 뜻한다. 경영학의 정설 중의 하나는 '경영의 중점은 의사 결정에 있다. 의사 결정의 중심은 전략이다. 그리고 전략의 실현은 관리에 달려 있다'는 것이다. 여기서 말하는 전략이란 기업이 앞으로 몇 년간, 혹은 수십 년 동안 생존과 발전을 위해 진행하는 총체적인 계획이다.

세계적인 기업가나 지도자들은 명확한 경영 전략을 가지고 있다. 일례로 마오쩌둥毛澤東이 농촌을 기반으로 도시를 공략한 전략은 중국공산당의 승리에 결정적인 역할을 했다. 뛰어난 기업가는 반드시 전략가로서 미래지향적으로 전체를 볼 수 있는 안목과 비전을 갖춰야 한다.

009
리더의 수준별 유형

리더가 되기 위해서는 지성과 감성이 필요하다. 리더의 철학은 상급, 중급, 하급으로 나눌 수 있는데, 이는 전적으로 능력에 따른 것이다. 뛰어난 리더를 만난 부하들은 화기애애하게 단결하지만, 리더가 변변치 않으면 부하들은 분란을 일으키고 결국 떠나게 된다.

열등한 리더는 자신의 능력만을 발휘한다

하급에 속하는 리더는 자신의 장점을 드러내기에만 급급하고, 모든 일을 혼자서 도맡아 하다 졸속으로 결말을 맺는다. 이런 리더는 수완이 뛰어난 것은 사실이지만 자신을 과시하는 데 그칠 뿐 단결의 힘을 간과하므로 진정한 의미의 지도자라고는 할 수 없다.

중간 수준의 리더는 부하의 능력을 이용할 줄 안다

사람은 능력을 다 발휘해야 하고, 물자는 그 효용을 극대화해야 한다. 바다와 같은 포용력을 가진 리더라면 부하의 단점을 문제 삼지 않고 능력을 한껏 발휘하도록 만든다. 다시 말해 부하는 리더의 지시에 따라 제 역량을 발휘하는 것이다.

상급 수준의 리더는 부하로 하여금 지혜를 발휘하게 한다

능력이 뛰어난 리더는 부하들의 에너지뿐만 아니라 지혜와 능력을 활용할 줄 안다. 즉 부하들이 리더를 위해 헌신하게 만듦으로써 조직이나 단체가 다양한 색채를 띠고 발전하게 하는 것이다.

최상급의 리더는 모든 사람들의 충성심을 이끌어 낸다

최상급의 지도자는 솔선수범을 통해 자신을 따르는 사람들이 사심 없이 헌신하도록 이끌고, 높은 충성심으로 봉사하게 만드는 능력이 있다. 다시 말해, 가장 뛰어난 리더는 부하들이 자신의 모든 것을 바칠 수 있게 만드는 사람이다.

010
기피해야 할 10가지 유형의 기업주

성공의 경험이 없다

"나는 정말 많은 일을 겪었지. 나처럼 몇 번을 쓰러져도 다시 일어나는 사람은 많지 않을 거야."라고 말하는 사장이라면 의심의 여지가 있다. 중대한 결점이 있지 않고서야 실패만 하지는 않기 때문이다.

모든 일을 독단하는 타입

"큰일이건 작은 일이건 내 손을 거치지 않으면 분명히 문제가 생긴단 말이야."라고 자랑하는 경영자는 부하들을 별로 아끼지 않는다. 모든 일에 참견을 하는 사람이라면 자율적으로 일하는 부하에 대해 안심하지 않는다. 이런 경우, 경영자가 유고시에 평소 독립성을 기르지 못한 직원들이 실수를 저지를 가능성이 크다. 창의적이고 주관이 뚜렷한 직원이라면 이런 사장의 밑에서 일을 하기 힘들다.

죽 끓듯 심한 변덕

조변석개형의 기업주는 쉴 새 없이 지시를 내리지만 번복도 손바닥 뒤집듯이 한다. 많은 시간을 들여 작성한 기획안을 취소하거나, 몇 달 동안 공을 들인 프로젝트도 말 한 마디로 무산시킨다. 이런 기업의 임직원들은 바쁘기 짝이 없지만, 실상은 엉망진창이 된 업무를 수습하느라 분주한 것이다.

창업 유공자들을 내쫓는 경영자

모든 기업에는 몇 명의 '개국 공신'이 있게 마련이다. 그런데 이들이 회사가 안정적으로 발전한 뒤에 쫓겨나는 모습을 본다면 희망이 없다고 판단해야 한다. 이런 회사의 직원들은 이직률이 매우 높다.

복잡한 사생활

호색적인 경영주는 젊은 여사원들을 선호하고, 감정적으로 인간관계를 맺는 경향이 강하다. 사생활이 복잡해서 스캔들을 양산하는 경영자는 기본적으로 기업을 냉정하게 관리할 수 없다.

탐욕적인 성격

매사에 욕심을 부리는 성격의 경영자는 소탐대실하기 쉽고, 취사선택을 잘 하지 못하므로 경영난을 자초하게 된다.

의심이 많다

의심이 많은 경영자는 제도보다 인치가 낫다는 생각을 한다. 그래서 이런 기업은 시스템보다 경영자의 뜻이 우선한다. 만약 당신이 간부라면 업무 시간이 아니더라도 경영자의 전화를 받을 것이고, 일반 사원이라면 지나친 '관심'에 부담을 느낄 것이다. 이런 회사에서 일하면 스트레스로 쓰러질 위험이 높다.

언행의 불일치

언행이 일치하지 않는 경영자는 "아무리 많은 돈도 나에게는 별로 의미가 없지."라는 말을 잘 한다. 이윤은 기업을 하는 목적인데 이런 말을 하는 사람을 믿을 수 있는가?

아부를 즐긴다

비판의 소리에 기분이 좋을 경영자는 없지만, 선의의 비판이나 유익한 건의도 듣지 않는 것은 문제이다. 건설적인 제의가 통하지 않는다면 직원들은 의욕을 상실하고, 회사의 발전도 기대할 수 없다.

편협한 성격

속 좁은 경영주는 직원들이 날로 유능해지는 것을 받아들이지 못하고, 더군다나 직원들의 발전을 위해서는 아무것도 해주지 않는다.

011
중소기업 경영주가 갖춰야 할 자질

변화를 예측하기 힘든 세계 경제의 흐름 속에서 제대로 적응하지 못하는 기업은 도태될 수밖에 없다. 특히 중소기업의 경영주들은 자첫 잘못하면 파산하여, 길거리로 나앉게 된다. 그렇다면 이들은 어떤 자질을 갖춰야 경제라는 거센 파도 속에서 살아남을 수 있는가?

기민한 경영 마인드

경영 마인드는 기업을 하는 사람의 가장 기초적인 능력이다. 경영 마인드란 기업 환경에 대한 예측, 경영 자세, 행동력, 적응력, 자성적 자세 등이 합쳐진 것이다. 이중에서도 미래를 예측하는 능력은 경영 마인드 가운데 가장 중요하다. 요즘처럼 정보가 넘쳐 나는 시대에 기업을 시작한 지 얼마 되지 않은 경영주는 경제에 대한 예측 경험이 풍부한 사람들의 의견을 종합한 뒤 자신에게 유리한 정보를 활용할 수 있어야 한다. 처음에는 다른 사람들의 의견을 이해하는 것만으로도 충분하지만, 점차 자신의 사고와 판단으로 결론을 내린다면 예측 능력은 발달한다.

경영 자세는 최선을 다해 경영에 임하는 태도를 뜻한다. 기업의 주인으로서 전력을 다할 때 직원들도 정신적으로 영향을 받고, 그러한 분위기가 결국에는 기업 발전으로 이어지게 된다.

행동력이란 경영주가 반드시 갖추어야 할 실천 능력이다. 아무리 뛰어난 아이디어가 있더라도 행동에 옮기지 않는다면 가치가 없다. 한 회사의 최고책임자인 경영주는 스스로 결단을 내리고 실천해야만 한다. 가능성이 보이는 일에는 망설이지 말고 행동을 취해야 하고, 일단 입에서 나온 말은 행동으로 입증해야 한다.

적응력은 상황의 변화에 따라 유연하게 대처하는 능력이다. 경영 환경의 변화를 기민하게 감지하여 적절한 조치를 취하지 않으면 기업은 생존할 수 없다.

자성적 자세란 냉정하게 자신의 능력을 평가하는 것을 말한다. 실패는 모든 사람을 따라가지만, 실패의 요인을 제거하고 다음 기회를 만드는 사람이야말로 성공의 문으로 들어가는 입장권을 얻을 수 있다. 따라서 성공을 원한다면 반드시 반성하는 습관을 길러야 한다. 경영자로서 매일 자신의 득실을 따져 보고 검토한다면, 시간이 흐른 뒤에는 자연스럽게 성공과 실패를 가늠할 수 있는 유전자가 생겨난다. 기회와 변화에 적응하면서 예상되는 실수를 미연에 피한다면 성공의 길에 가까워질 것이다.

인간적 매력

경영주의 개인적 매력은 매우 중요한 문제이지만 소홀히 다루어졌다. 사람들의 매력이란 제각각이지만 낙천성과 원숙함은 가장 기본

적인 요소이다. 달리 말해 성공적인 경영주를 판가름하는 전제 조건
은 바로 낙천적인 성격과 인간적인 원숙함이다.

낙천적인 경영주는 적극적인 태도로 세상을 보기 때문에 불평불만
이나 원망을 하지 않는다. 이런 태도는 조직 전체에 퍼져서 커다란
추진력으로 작용하게 된다. 또한 성숙한 인격은 사람들에게 믿음과
안정감을 주고, 경영에 균형감을 유지하게 만든다. 원숙한 경영주라
면 직원들 간의 갈등을 조절할 수 있어야 한다.

인간적인 매력이 매우 중요한 이유는 결국 기업의 합리적이고 공
정한 관리를 위해서이다. 신뢰감이 없고 자신의 이익을 최우선으로
하는 경영주를 직원들이 어떻게 생각할지는 불문가지가 아닌가?

현실에 안주하지 않는 자세

기업을 경영하면서 전통과 관행에만 의존한다면 폭넓은 선택의 길
이 막혀 버린다. 특히 중소기업은 새로운 경영 기법의 도입과 신진대
사를 통해 활력을 유지해야 한다.

먼저 새로운 인재들을 과감하게 중용해야 한다. 생기발랄한 신세대
들의 사고방식은 기성세대인 경영주가 받아들이기 쉽지 않다. 하지
만 그들에게 중요한 역할을 맡기면 기대에 어긋나지 않을 것이다. 필
요한 경우에는 충분한 권리를 부여하여 젊은 세대가 능력을 최대한
발휘하게 하고, 그 결과 만족할 만한 성과를 얻는 것이 이상적이다.

그다음으로 중요한 것은 새로운 프로젝트를 계속해서 개발하는 것이다. 기업이 현상 유지를 한다는 것은 곧 퇴보를 의미한다. 부단히 새로운 도전을 할 때 발전의 가능성이 열리는 것이다. 경영주는 현재의 사업이 미래에 성장할 수 있는지, 아니면 현상을 유지하거나 퇴보할 것인지 면밀하게 검토해야만 한다.

마지막으로 관리 시스템을 계속적으로 수정, 발전시켜야 한다. 중소기업의 경영자들 가운데는 대기업의 관리 시스템을 모델로 하다가 경제적 부담만 가중시키는 경우가 많다. 더욱이 대기업을 모방한 시스템으로 인해 위기에 처했을 때 재빨리 대처하지 못하는 문제도 발생한다. 미래의 발전을 위해서는 관리 시스템을 늘 검토하고 개선하는 노력을 게을리 하지 말아야 한다.

굳건한 경영 철학

중소기업에서는 경영주의 강력한 주도가 필요하다. 경영자는 매일 일찍 출근하여 회의를 주도해야 한다. 만약 다른 일이 있어 회의를 열 수 없을 때는 직원들에게 도착할 시간을 정확히 알려야 한다. 그래야 투명성을 인정받게 되고, 시간이 어느 정도 경과하면 지휘관으로서의 위치를 굳힐 수 있다.

지휘관의 역할을 제대로 하기 위해서는 진지하게 '민중의 소리'를 경청하여 내부 상황을 파악해야 한다. 기업을 경영하면서 리스크를 피할 수 없지만, 철저한 준비 없이 리스크를 감수하려 해서는 안 된다. 이는 건실하게 최대한의 이윤을 창출하는 비결이다. 무엇보다도 이윤 창출을 위해 가장 중요한 것은 경영자의 경영 철학이다. 경영주의 굳은 신념을 경영 전략으로 만들어 실천한다면 지휘관으로서의 역할 수행에 큰 도움이 된다.

결단력

경영주는 어떤 상황에서도 정확한 판단을 하고, 기회를 포착하는 식견을 갖춰야 한다. 중소기업에서 최고결정권자가 판단 착오를 일으키면 축적된 성과가 물거품이 된다.

선악을 판단하기란 어렵지 않다. 정작 어려운 점은 진퇴를 결정하는 것이다. 판단을 내리기 힘들 때는 한 발 물러서서 재고하는 것이 최선이다. 역으로 빨리 나아가려 하면 목표점에 도달할 수 없다. 그러나 긴급 상황에서는 망설이지 말고 쾌도난마식으로 판단을 해야 한다. 일반적으로 맨 처음의 판단이 가장 정확하다. 경영주는 때로 자신의 직감을 믿어야 한다. 도저히 결정을 내릴 수 없을 때에는 신뢰하는 외부 인사의 의견을 듣는 것도 좋은 방법이다.

영업에 관한 결정은 비교적 단순하다. 유리한 요소와 불리한 요소를 비교하면 영업 방안을 짤 수 있기 때문이다. 하지만 실패를 면하기 위해서는 시장의 변화를 충분히 고려해야 한다. 사전에 대책을 세운다면 문제가 발생했을 때 덜 당황하게 된다.

인사에 관한 결정에서 가장 중요한 점은 인정에 얽매이지 않는 것이다. 중소기업들에는 가족이 많이 참여하고 요직을 독점하기 때문에, 유능하고 애사심이 강한 직원들의 장래에 지장을 줄 수 있다. 그러므로 기업의 장기적인 발전을 생각한다면 가족 중심의 경영에서 벗어나 능력 위주로 인재들을 키워야 한다. 이와 동시에 기업은 투자를 하지 않고 비약적인 발전을 기대해서는 안 된다. 경영주는 투자에 관한 결정을 할 때 투자 효과에 대한 치밀한 검토를 해야 한다. 투자 계획이 구체적이지 않으면 투자자를 찾기 힘들므로 수량화된 투자 효과 자료를 만들어야 하고, 이는 의사 결정에도 큰 도움이 된다.

012
어느 부자의 인생철학

존 댄포드는 미국 실리콘 밸리의 유명한 주식매니저이자 10억 달러 클럽의 회원이다. 그는 부에 대해 다음과 같은 촌철살인의 철학을 가지고 있다.

오늘 할 수 있는 일을 내일로 미루면 당신은 재미있는 결과를 볼 것이다. 특히 주식 매매를 할 때 그러하다.

보통 사람들이 할 수 있는 일을 나는 절대로 하지 않는다. 왜냐하면 그들이 할 수 없는 일들만이 내가 할 가치가 있다고 믿기 때문이다.

다른 사람의 돈을 써서 돈을 벌 수 있다면 나는 주머니에서 한 푼도 꺼내지 않을 것이다.

나는 세일을 할 때는 지금 쓰지 않을 물건이라도 언젠가는 쓸 때가 있으므로 구매한다. 이는 주가가 바닥을 길 때 매입을 하는 것과 같이 예측의 기본적인 룰이다.

많은 사람들이 내가 자만심이 대단하다고 생각하는데, 틀린 말은 아니지 않은가? 부모님과 친구들은 나를 자랑스러워한다. 내가 자부심을 갖지 못할 이유는 없다. 나는 일을 잘하고 성공했다!

나는 자주 좋아하지 않는 일을 한다. 자신이 원하는 일만을 하는 사람은 없을 것이다. 마치 내 음악가 친구가 결국에는 펀드매니저가 된 것처럼.

다른 사람들 눈에는 가능성이 거의 제로에 가까운 재난을 나는 정확하게 예측하곤 한다. 나의 이런 동물적 본능이 회사를 몇 차례의 재정 위기에서 구해냈다.

일단 목표가 정해지면 나는 희생을 감수하고 원하는 것을 얻는다. 사람들은 흔히 결과만을 중시할 뿐 누가 수단에 관심을 두는가?

나는 개인적인 취향을 숨기지 않고, 어떤 사람에 대한 생각도 서슴없이 말한다. 특히 화가 났을 때는 반드시 큰 소리를 질러 분을 푼다.

No.5 조직을 움직이는 10가지 법칙

(1) 피터의 법칙

모든 조직은 다양한 직위, 등급 혹은 계층으로 구성되고, 조직의 성원은 그중의 한 등급에 속한다. 피터의 법칙은 미국 학자 로렌스 피터가 조직에서의 승진과 관련된 현상을 연구하여 얻은 결론이다. 즉 승진을 하여 얻은 직위는 자신의 능력에 맞지 않는다는 것이다.

이런 현상은 현실에서 흔히 나타난다. 유능한 교수가 대학 총장이 된 다음에는 무능하다는 평가를 받는다. 뛰어난 운동선수가 체육계의 행정 관리가 되면 아무런 업적을 남기지 못하는 사실도 피터의 법칙을 증명한다.

한 조직에서 능력이 받쳐 주지 않는 사람들이 자리를 차지하면 효율성이 떨어지고, 무능력자가 위세를 부리면서 조직은 정체의 위기를 맞는다. 그러므로 단순히 '기여도'를 승진의 근거로 삼는 시스템은 재고되어야 한다. 한 분야에서 성과를 올린 사람이라고 해서 무조건 더 높은 직위로 승진시켜서는 안 된다. 감당하기 힘든 직무를 맡으면 본래의 능력을 발휘할 수 없고, 이는 기업의 손실로 직결된다.

(2) 술과 더러운 물의 법칙

더러운 물 한 통에 술 한 숟갈을 넣으면 물은 그대로 더러운 상태가 되고, 역의 경우도 마찬가지이다. 모든 조직에는 몇 명의 미꾸라지 같은 존재들이 있다. 그들의 존재 목적은 일을 망치는 것이다. 가장 끔찍한 경우는 그들이 궤짝 속의 썩은 사과와 같을 때이다. 썩은 사과를 제때에 골라내서 버리지 않으면 나머지 사과들도 잇달아 썩어 버린다.

'썩은 사과'가 무서운 이유는 놀라운 파괴력에 있다. 정직하고 유능한 사람이 부패한 조직에 들어가면 매장당하지만, 무능하고 인간성도 좋지 않은 자가 조직에 들어가면 효율적으로 움직이던 시스템이 고장을 일으키게 된다. 조직의 시스템은 취약한 경우가 많으므로 쉽게 오염되고 와해될 수 있다.

파괴자의 위력이 심상치 않은 이유는 파괴가 건설보다 훨씬 쉽기 때문이다. 시간과 정성을 들여 만든 도자기도 노새가 밟으면 1초 안에 박살이 난다. 만약 조직 내에 노새 같은 존재가 있으면 땀과 노력을 들인 일들도 좋은 결과를 얻지 못한다. 당신의 조직 속에 이런 노새가 있다면 즉각 제거해야 한다. 그렇지 않으면 노새가 조직을 완전히 분탕질할 것이다.

(3) 나무물통의 법칙

나무 조각들을 엮어서 만든 물통에 얼마나 많은 물을 넣을 수 있을지는 가장 높이가 낮은 나무 조각에 달려 있다는 것이 나무물통의 법칙이다. 다시 말해 어떤 조직이든 각 부문의 질이 균일하지 않은 상태에서, 가장 열악한 부문이 전체 조직의 수준을 결정한다.

'나무물통의 법칙'과 '술과 더러운 물의 법칙'이 다른 점은 후자가 조직에 대해 파괴력을 갖는다는 데 있다. 이에 비해 '가장 높이가 낮은 나무 조각'은 다른 부문들에 비해 수준이 좀 떨어지는 것이므로 썩은 사과처럼 버릴 수가 없다. 정도의 차이는 상대적인 개념이므로 문제는 어느 정도까지 수준이 떨어지는 부문(혹은 직원)을 포용하고 용인할 것인가 하는 점이다. 만약 심각하게 조직의 업무를 마비시킬 정도라면 결단을 내릴 필요가 있다.

(4) 마태의 효과
성경 신약의 '마태복음'에 나오는 이야기이다. 왕이 먼 길을 떠나기에 앞서 하인 세 명에게 은화 한 므나씩을 준 뒤 이 돈으로 장사를 해서 자신이 돌아오면 결과를 보고하라고 분부했다.
왕이 돌아오자 첫 번째 하인은 "저는 10므나를 벌었습니다."라고 했다. 왕은 칭찬을 하며 마을 열 개를 상으로 내렸다. 두 번째 하인은 "저는 주신 돈을 밑천으로 해서 5므나를 벌었습니다."라고 했다. 왕은 상으로 마을 다섯 개를 주었다. 세 번째 하인은 "저는 왕께서 주신 돈을 잃을까 두려워 꺼내지도 못하고 잘 보관하고 있었습니다."라고 했다. 그러자 왕은 세 번째 하인에게 주었던 돈을 빼앗아 첫 번째 하인에게 주면서 이렇게 말했다. "적은 것은 그의 소유라 하더라도 빼앗고, 많은 것은 그에게(첫 번째 하인) 주어서 다다익선이 되도록 하라!"
성경 속의 이 이야기가 바로 마태의 효과이다. 오늘날의 '승자 독식' 현상은 마태의 효과를 반영한다. 마태의 효과는 기업 경영에 있어 한 부문의 우위를 유지하려면 짧은 시간 내에 규모를 늘려야 한다는 사실을 말해 주고 있다. 만약 한 부문에서 빨리 발전할 수 없다면 새로운 영역을 찾아야 좀 더 나은 수익을 기대할 수 있다.

(5) 제로섬 게임의 원리
제로섬 게임은 한쪽이 이기는 것은 다른 한쪽의 패배를 의미하고, 게임의 총합은 항상 제로가 된다는 것이다. 제로섬 게임의 원리가 큰 주목을 끌었던 이유는 현실에서 이 게임과 유사한 면을 쉽게 볼 수 있기 때문이다. 즉 승자의 영광 뒤에는 항상 패자의 눈물과 고통이 숨어 있게 마련이다.
그러나 20세기에 인류가 경험한 두 차례의 세계 대전, 비약적인 경제 발전, 과학기술의 발달, 글로벌화, 날로 심각해지는 환경오염 등은 '제로섬 게임'이 '윈윈'으로 바뀌어야 하는 필요성을 더해 주고 있다. 사람들은 이기적인 삶이 타인에게 피해를 주는 것만은 아니라는 인식을 갖기 시작한 것이다. 그래서 서로에게 도움이 되는 협력을 통해 모두가 만족할 만한 결과를 얻을 수 있다는 공감대를 형성한 것이다.
제로섬에서 윈윈으로 전환하기 위해서는 진정한 협력 정신과 용기가 필요하다. 즉 약삭빠르게 자신의 몫을 더 챙기려 하지 말아야 하며, 게임의 규칙을 지켜야 한다. 그렇지 않으면 '윈윈'의 효과를 거둘 수 없으며, 결국 손해를 보는 것은 규칙을 어긴 당사자이다.

(6) 워싱턴 협력의 법칙

워싱턴 협력의 법칙이란 혼자서는 적당히 일을 해치우고, 둘이 있을 때는 서로 책임을 떠넘기고, 셋이 모이면 아무 일도 이루지 못한다는 것이다. 협력은 수학처럼 단순하고 명확하게 덧셈이 되는 것이 아니라 상당히 복잡하고 미묘한 양상을 띠게 된다. 한 사람의 능력이 1이라 할 때 10명이 힘을 합치면 10이나 그 이상의 효과를 봐야 하지만 때로는 1보다도 작은 결과를 낳는다. 인간은 정지된 물체가 아니라 제각기 다른 방향으로 작용하는 에너지와 같으므로 서로 충돌하면 아무런 힘을 발휘할 수 없는 것이다.

그러므로 학계와 기업들은 불필요한 일이나 관계에 인력을 낭비하지 않도록 하는 시스템을 연구하는 데 열을 올리고 있다. 달리 말하면 조직의 구성원들이 더욱 일을 잘하도록 유도하기보다 내적인 소모가 극심하지 않도록 신경을 쓰는 것이다.

(7) 손목시계의 법칙

한 사람이 한 개의 손목시계를 갖고 있으면 시간을 확실히 알 수 있다. 하지만 시계를 두 개 가지고 있으면 정확한 시간이 무엇인지 혼란을 일으키게 된다. 두 개의 손목시계는 더욱 정확한 시각을 알려 주는 것이 아니라, 오히려 시계를 보는 사람으로 하여금 시간에 대해 의심을 갖게 만든다.

손목시계의 법칙은 경영에 그대로 적용될 수 있다. 그것은 바로 한 사람, 혹은 한 조직을 관리할 때 동시에 다른 두 가지 방법을 사용하면 안 되고, 두 개의 목표를 설정해서도 안 된다는 것이다. 더 나아가 한 사람을 두 사람이 같이 지휘해서도 안 된다. 그렇지 않으면 기업이나 관리를 받는 사람은 어느 쪽의 지시나 명령도 따를 수 없게 된다.

이 법칙의 또 다른 의미는 한 사람이 다른 가치관을 두 개 이상 가져서는 안 된다는 것이다. 상이한 가치관을 가지고 있는 사람은 혼란을 자초할 뿐이다.

(8) 무가치의 법칙

이 법칙은 할 가치가 없는 일은 하지 않는 게 좋다는 것이다. 지극히 단순하고 당연한 말 같지만 그 중요성을 사람들은 쉽게 잊어버린다. 사람들은 할 필요가 없다고 생각하는 일은 대충 해버리기 때문에 일의 성공률이 낮고, 설령 성공하더라도 성취감을 별로 느끼지 못한다.

그러므로 개인의 입장에서 볼 때 선택할 수 있는 목표와 가치관이 여러 개 있을 때는 한 가지를 정해서 분투해야 한다. 좋아하는 것을 선택하면 스스로 투지를 이끌어 내므로 안정적으로 정진할 수 있다.

기업이나 조직은 구성원들의 특성을 분석하여 합리적으로 일을 분배하면 성취 욕구가 강한 사람이 혼자서, 혹은 리더가 되어 리스크가 크거나 고난도의 작업을 완성하게 된다. 이럴 때에는 칭찬과 격려를 아끼지 말아야 한다. 이와 동시에 남에게 의존을 잘 하는 구성원에게는 공동 작업에 더 많이 참여할 수 있도록 기회를 주고, 권력욕이 강한 사람에게는 능력에 걸맞은 자리를 주는 것이 이상적이다.

이 밖에도 직원들이 기업의 목표에 대해 공감을 하도록 유도하면 자신의 일에 대한 애착과 열정을 가질 수 있다.

(9) 버섯 경영

버섯 경영이란 처음 두각을 나타내는 사람을 관리하는 방식이다. 즉 볕이 들지 않는 음지(중요하지 않은 부서에 배치하거나 잡다한 일을 시키는 것)에 두고 퇴비를 주어서(혹독한 비판, 질책, 대신 혼내기 등) 스스로 살아남도록 하는 것이다.

'버섯' 기르기와 같은 트레이닝을 거쳐 직장 내에서 성장한 사람들은 많다. 이런 대우를 받으면 비현실적인 환상을 버리게 되고, 현실적인 자세로 문제를 냉철하게 볼 수 있게 된다. 일반적으로 새로 들어온 구성원들은 능력에 상관없이 똑같은 월급과 동일한 대우를 받는다. 그렇기 때문에 '버섯'으로서의 경험은 날개를 달기 전의 필수적인 과정이라 하겠다. 그러므로 이 기간을 잘 참고 견디면 인간적으로 성숙해지고, 사람들에게 신뢰감 있는 이미지를 심어 줄 수 있다.

(10) 오캄의 면도날 – 절약의 원리

12세기 영국의 수사 윌리엄 오브 오캄은 실재하지 않는 것에 대한 개념은 불필요하므로 실재하는 것만을 인정해야 한다는 유명론(唯名論)을 주장했다. '실체는 필요한 것 이상으로 증가되어서는 안 된다'는 그의 말은 곧 '오캄의 면도날'로 표현된다.

이 면도날은 사람들이 위협을 느끼게 하였기에 '이단'으로 여겨졌고, 실제로 오캄은 이로 인해 박해를 받았다고 한다. 그러나 면도날의 예리한 칼날은 손상되지 않았고, 수백 년의 세월을 거치면서 더욱 더 날카로워졌다. 즉 원래의 협의에서 더욱 광범위하고 풍부한 은유로 쓰이게 된 것이다.

오캄의 면도날의 법칙은 기업 경영에서도 응용되고 있다. 즉 우리가 어떤 일을 처리할 때는 일의 핵심을 파악하여 가장 근본적인 문제를 해결하면 된다는 것이다. 순리에 입각해서 일을 처리하고 인위적으로 일을 복잡하게 만들지 않으면 된다.

02
작은 것과 큰 것을 **바꾸지** 마라

　　사람들이 위협을 느끼는 것은 능력이나 기회가 없기 때문이 아니라 저항할 수 없는 다양한 자극들—유혹은 더욱 그러하다—로 인해 정신적으로 흔들리거나 순리에 어긋나는 비이성적인 행동을 하기 때문이다.

　사람이 몰락했을 때 가장 먼저 당면하는 문제는 경제적 어려움이다. 친구를 사귀고, 다양한 인간관계를 맺고, 결혼과 양육을 하는 것은 인생의 필수 과제인데, 이에 필요한 돈을 버는 것은 쉽지 않다. 돈이 없으면 인간관계를 유지하기가 힘들어지고, 자녀를 낳고 기르기도 벅차다. 평상심이 없는 사람은 돈 앞에서 도의를 버리고, 불법도 서슴지 않는다.

　사업을 하는 사람들이 자주 떠올리는 의문이 있다. 자신이 왜 우울, 광분, 오만함, 좌절감, 불안, 초조, 공포감, 심지어 절망 등의 감정에 빠지는가 하는 것이다. 공포감은 우리가 아직 백지 상태일 때 지나치게 편협한 가치관을 주입받아 일시에 뭔가를 성취해야 한다는 압박감을 갖는 데서 기인한다.

포부가 크면 당연히 일을 잘할 수 있다. 하지만 평상심을 가지면 때로 더 많은 일을 잘할 수 있다. 그 이유는 마음속에 걸리는 것이 없으므로 거대한 잠재력을 발휘할 수 있기 때문이다.

역사적으로 동서고금을 막론하고 진정한 상인들은 평상심이라는 고삐로 준마가 되려는 야심에 찬 인간들을 제어했다. 다시 말해 그들은 범부처럼 살면서 시인처럼 체험하고, 철학자처럼 사유했던 것이다.

물을 거슬러 올라가는 것이 전진의 기술이라면,
거센 물결 속에서 용감하게 뒤로 물러나는 것은 후퇴의 예술이다.

001
아낌없이 주는 농부

미국 남부의 한 지역에서는 매년 호박 우수 품종 경진 대회를 개최한다. 이 대회에서 매년 우승을 독차지하는 농부가 있었다. 그런데 이상한 점은 그 농부가 이웃들에게 호박 종자를 아낌없이 나눠 준다는 것이었다.

농부의 행동을 이해하지 못한 이웃사람이 물었다. "당신은 많은 시간과 정력을 들여서 품질 개량을 한 결과로 상을 타는 것인데 왜 우리들에게 종자를 나눠 주나요? 우리가 기른 호박이 당신 밭에서 난 호박보다 더 낫다는 평가를 받아도 정말로 상관없나요?"

"내가 종자를 이웃에게 주는 것은 사실 나 자신을 돕는 것입니다!"

이 농부가 사는 마을은 전형적인 농촌으로 밭들이 서로 이웃해 있다. 농부가 경진 대회에서 상을 받은 좋은 종자를 나눠 주면 이웃들은 호박의 품종을 개량할 수 있다. 만약에 농부가 좋은 씨를 감추었다면 벌들이 꽃가루를 옮길 때 이웃의 열등한 종자를 자신의 밭에 퍼뜨리지 못하도록 안간힘을 써야만 했을 것이다.

농부와 그의 이웃들은 서로 경쟁 관계에 놓여 있다고 볼 수도 있지만, 한편으로는 미묘한 협력 상태에 있다고 할 수 있다. 사실상 오늘날에는 경쟁적 협력 관계가 더욱 뚜렷해지는 양상을 보이고 있다. '거점 경제'나 '전략적 파트너십'과 같은 것이 바로 실례이다.

'거점 경제'의 아이디어는 일본의 스모에서 비롯되었다. 스모 선수가 승리하기 위한 관건은 좋은 위치를 선점하여 상대를 밀어내는 것이다. 일본의 기업들은 '거점 경제'의 전략에 입각해서 처음에는 본국 기업들끼리 협력하여 외국의 기업을 시장에서 퇴출시켰다. 그 후에는 시장을 분할하면서 서로 경쟁했다.

시장 점유뿐 아니라 기술 개발 분야에서도 일본 기업들은 경쟁적 협력 관계를 형성했다. 기초 과학에 드는 연구 비용은 막대하여 한 기업이 단독으로 부담할 수 없으므로 '기초는 협력, 응용에서는 경쟁'이라는 모델을 채택했다. 그래서 많은 제조업체들이 공동으로 기술을 개발하고, 이를 응용한 상품들을 경쟁적으로 생산했다.

'전략적 파트너십'의 가장 대표적인 예는 1975년에 일본에서 진행한 초대형 집적회로 개발 프로젝트라 할 수 있다. 일본 통산성과 국영 기업인 재팬텔레콤은 공동으로 초대형 집적회로 개발에 합의한 뒤, NEC, 히타치日立, 도시바東芝, 후지쓰富士通, 미쓰비시三菱가 3억 달러의 자금을 조성하여 이 프로젝트에 참여하도록 했다. 주요 목표는 미국의 생산 능력과 기술 수준을 능가함으로써 일본 제품의 국제 경쟁력을 높이는 것이었다.

'전략적 파트너십'이 성공적으로 이루어진 결과 1979년 연말에 이르러 일본의 전자회사들은 세계 시장의 40%를 점유하게 되었고, 600여 건의 전자 분야 특허권을 획득했다. 이로써 반도체 기술 분야에서 미국이 차지하고 있던 주도적 역할에 강력히 도전할 수 있게 되었다.

002
걷기 위해 넘어지는 법을 배워야 한다

고대 이집트의 국왕 후푸가 베푸는 연회를 앞두고 요리사들은 음식을 준비하느라 정신이 없었다. 그런데 젊은 보조 요리사가 실수로 그릇을 떨어뜨리는 바람에 뜨거운 양 기름이 부뚜막에 쏟아졌다. 놀란 그는 손으로 양 기름이 묻은 숯을 꺼냈다. 숯을 전부 건져낸 그는 손을 씻고 난 후 기름으로 인해 미끄럽고 끈적거리던 느낌이 하나도 없는 것을 발견했다. 어느 때보다 손이 깨끗해진 것을 알게 된 그는 몰래 숯가루를 가져다 동료 요리사들이 사용하게 했다. 그 결과 요리사들의 손과 얼굴은 하얗고 깨끗해졌다. 얼마 후 이 사실을 알게 된 왕은 보조 요리사로부터 그간의 사정을 들었다. 숯가루의 효용을 직접 시험한 왕은 요리사를 크게 칭찬한 뒤 전국적으로 보급했다. 그 후 그리스와 로마에서도 양 기름에 숯가루를 넣었다가 사용하게 되었다. 이 발견을 기초로 만들어진 것이 바로 비누이다.

1885년, 미국 애틀랜타의 약사 J.S 팸버튼은 코카의 잎과 콜라의 열매로 실험을 거듭한 결과 흥분 작용을 하는 건강 음료를 만들었다. 이것이 미국 최초로 상품화된 코카콜라이다. 하지만 코카콜라의 저조한 판매량으로 팸버튼은 초조했다.

하루는 두통이 심한 환자가 와서 약을 지어 달라고 했다. 점원은 약을 지으면서 코카콜라에 물 대신 소다수를 잘못 넣었다. 그 자리에서 약을 다 마신 환자는 금세 두통이 멈추는 것을 느꼈다. 이 사실을 안 팸버튼은 원래 자신이 만들었던 음료에 소다수를 넣어서 '신경계통의 만병통치약'이라는 광고 문구를 넣어 팔기 시작했다. 그 후 코카콜라는 건강 음료에서 폭발적인 인기를 끄는 세계적인 음료가 되었다.

독일의 한 제지공장에서 직원 한 명이 재료 배합을 잘못 하는 바람에 폐지가 대량 발생했다. 이 직원은 감봉 처분을 받았다가 결국 해고됐다. 의기소침한 그를 본 친구가 실수에서 뭔가 유용한 것을 발견하지 않았는지 생각해 보라고 다독였다. 이 말에 그는 폐지에 글씨를 쓸 수는 없었지만 물을 흡수하는 기능이 상당히 좋았다는 사실을 떠올렸다. 그래서 그는 폐지들을 작은 조각으로 썰어서 '흡수지'를 만들었다. 판매에 들어간 흡수지는 날개 돋친 듯이 팔렸고, 후일 특허권을 딴 그는 백만장자가 되었다.

새로운 것을 모색하고 도전하는 과정에서 실수는 불가피하다. 아무것도 하지 않는 사람만이 실수를 하지 않는다. 좌절을 겪고 나면 경험과 식견이 생긴다. 실수는 특수한 교육이자 귀중한 경험이고, 성공으로 통하는 계단으로 인도한다.

실수는 쉽게 간과되고, 그 중요한 의미도 강조되지 않는다. 실수의 가치에 대한 명언을 한 사람은 마르크스이다. "인간은 걷기 위해서 넘어지는 법을 알아야 한다. 또한 넘어져 본 사람만이 걸을 줄 안다."

003
'밑지는 장사'의 숨은 의미

오스트리아의 수도 비엔나에는 세계적인 컨벤션 센터가 있는데, 1평방미터의 1년간 임대료는 1백 원 수준이다. 땅값이 비싸기로 유명한 오스트리아에서 상상을 초월하는 싼 값에 임대를 하는 것은 밑지는 장사임에 틀림없지만, 사실은 그렇지 않다.

유엔에 대여된 이 컨벤션 센터에는 수천 명의 각국 외교관들이 상주하고 있고, 유엔 산하 기구들이 주최하는 수많은 국제회의들로 인해 오스트리아에 막대한 외환 수입을 안겨 주고 있다. 이 밖에도 이 건물은 외국 관광객들의 필수 관광 코스로 각광을 받고 있다. 그러므로 싼 임대료는 다른 수입 창출을 위한 '미끼'이다.

컨벤션 센터는 관광객들에게 무료로 공개되기 때문에 입장료 수입은 얻지 못하지만, 그것은 '큰 장사'에 비하면 아무것도 아니다. 작은 이익을 포기함으로써 큰 수익을 창출하는 것은 부를 축적하는 중요한 비결 중의 하나이다. 하지만 우리들은 작은 장사에 연연함으로써 큰 것을 놓치는 경우가 적지 않다.

현재 많은 나라들이 경제 발전을 위해 투자 유치에 열을 올리고 있다. 관련 지역들은 투자자들을 확보하기 위해 특혜 정책을 펴고 있다. 세금 감면, 무상 토지 대여, 은행 대출 등의 특혜는 물론이고 외부 투자자들에게 향응을 베풀고, 무리한 투자 조건도 그대로 받아들이고 있다.

이렇게 투자를 유치하는 것은 바람직하지 않을 뿐만 아니라, 만족할 만한 결과를 얻을 수도 없다. 투자는 원칙적으로 쌍방이 이익을 얻는 것이 목적이지 상대에게 이익을 양보하는 것이 아니기 때문이다. 외부 투자자들이 보기에 전망이 좋지 않다면 특혜 정책이 아무리 유혹적이더라도 투자하지 않는다. 다시 말해 투자를 끌어들이기 위해서는 해야 할 것과 하지 말 것을 명확하게 구분해서 실행해야 한다. 무엇보다도 중요한 것은 '무위'의 투자 정책을 실천하는 것이다.

여기서 말하는 '무위'란 시야를 넓혀서 눈앞의 이익에만 매달리지 않고, 윈윈할 수 있는 정직한 우대 정책으로 투자를 유치하는 것을 의미한다. 정부는 시장경제의 원칙을 위반하지 않으면서 투자자들을 보호하고, 시장 메커니즘이 제대로 작동하도록 도와주어야 한다.

004
서비스의 위력을 우습게보지 마라

외식을 할 때면 항상 씨푸드 레스토랑을 찾는 부부가 있었다. 부인은 배가 몹시 고팠지만 남편은 별로 식욕이 없었다. 그래서 부인은 양이 많은 해물 샐러드를, 남편은 수프만 시켰다. 그는 더 먹을 수 있으면 빵과 아이스티를 주문하려고 생각했다. 식사를 하다 부인이 "너무 많으니까 작은 접시에 나눠 줄게요."라며 샐러드를 덜어서 남편이 먹게 했다. 이 모습을 본 종업원이 달려와 딱딱거렸다. "4달러를 더 받아야겠네요. 두 사람이 나눠서 먹고 있으니까요."

한 상점에서 고정적으로 매달 400달러의 물건을 사는 귀부인이 있었다. 10년 동안 변함없이 이렇게 쇼핑을 했던 그녀는 어느 날 캔디 박스가 열려진 것을 보고 자신도 모르게 손을 뻗어 한줌 집었다. 마침 그 모습을 목격한 주인은 사람들 앞에서 그녀에게 호통을 치고,

카트에 든 70달러가 넘는 물건들도 팔지 않겠다고 했다.

10년 동안 5만 달러가 넘는 물건을 팔아 준 고객을 이렇게 대하는 가게 주인의 태도에는 과연 문제가 없는 것일까?

고객에 대한 진정한 서비스 정신은 다음과 같이 표현된다.

첫 번째 이야기. 토요일에 한 호텔에서 식사를 하던 고객이 얼마 전에 본 안내 책자를 떠올렸다. 거기에는 호텔에 투숙한 고객에게는 식사비를 20% 할인해 준다는 내용이 있었다. 매니저를 불러 확인을 하자 "저희는 지난 1년 동안 할인을 하지 않았습니다. 하지만 저는 선생님이 기억하시는 것이 맞다고 생각합니다. 말씀하신 대로 20%를 디스카운트해 드리겠습니다."라고 말한 후 돌아서며 "감사합니다."라고 하는 것이었다.

며칠 후 그 고객은 20% 할인 혜택이 오래 전에 없어졌음을 확인했다. 이 호텔에 호감을 느낀 그는 단골손님이 되었다.

두 번째 이야기. 슈퍼마켓의 주인이 한 여자 손님에게 다른 가게들을 마다하고 항상 이곳에 오는 이유가 무엇이냐고 물었다. 그녀는 이렇게 대답했다.

"14년 전에 먹을 것을 잔뜩 사서 계산을 하려는데 지갑을 갖고 오지 않은 것을 알고 당황했어요. 계산하는 직원에게 물건을 일단 맡겨 놓고 돈을 가져오겠다고 했지요. 그런데 그 직원은 웃으면서 '그럴 필요 없으세요. 그냥 물건을 가져가시고 다음에 계산하면 돼요'라고 하더군요."

세 번째 이야기. 출장이 잦은 어느 회사 사장이 중국 광저우廣州에 가면 반드시 묵는 호텔이 있었다. 그가 이 호텔을 고집하는 이유는 5년 전에 받은 서비스 때문이었다. 당시 처음으로 이 호텔에 왔던 사장에게 종업원은 객실 정리가 아직 덜 되었다고 솔직히 말했고, 매니저도 달려와 사과를 하면서 저녁 식사를 공짜로 서비스하겠다고 했다. 식사가 끝나자 매니저는 그날 밤 객실료도 받지 않겠다고 했다. 이 일로 감동을 받은 사장이 광저우에 출장을 가면 어느 곳에 투숙할지는 충분히 짐작이 가지 않는가?

네 번째 이야기. 홍콩 리츠 호텔의 단골고객의 경험담이다. 10년 전 이 호텔의 사장과 식사를 하던 손님은 무슨 음료를 가장 좋아하냐는 질문에 당근 주스라고 했다. 6개월 뒤에 다시 이 호텔에 온 손님은 객실 냉장고에 당근 주스가 있는 것을 보았다. 그 후로 10년 동안 언제 오더라도 그는 호텔 측에서 준비한 당근 주스를 마실 수 있었다. 10년 사이에 객실료는 3배가 올랐지만 이 손님이 리츠 호텔만을 애용하는 이유는 당근 주스 때문이었다.

다섯 번째 이야기. 어느 잡화점에 1주일에 한 번씩 물건을 사러 오는 여성 고객이 있었다. 3년 동안 이 가게를 이용했던 그녀는 어느 날 불친절한 종업원과 말다툼이 일자 그 후로 오지 않았다. 12년 후에 이 잡화점을 다시 찾은 그녀는 주인에게 그동안 오지 않았던 사연을 이야기했다. 그녀의 말을 주의 깊게 들은 주인은 정중하게 사과했다. 손님이 돌아가자 주인은 가게가 입은 손해를 계산해 보았다. 그 손님이 매주 25달러씩 물건을 샀다면 12년 동안 1만 5,600달러를 썼을 것이다. 12년 전의 사소한 소홀함이 1만 5,600달러를 날려 보낸 것이다.

이 가게 주인의 '계산법'은 단순하고 소박하기 짝이 없다. 장사를 하려면 고객을 만족시켜서 붙들어둬야 한다. 주인이 친절하면 손님은 다시 가게를 찾는다. 손님이 가게 주인을 좋아한다면 더 많은 돈을 쓰게 된다. 그러면 주인은 손님에게 더욱 좋은 서비스를 하게 되고, 손님은 더 자주 오게 된다. 중요한 사실은, 고객이 한 번에 얼마나 소비를 하는가를 따질 것이 아니라 친절하고 정성스런 서비스로 평생 고객으로 만들어야 한다는 것이다.

005
친구보다 유익한 라이벌의 가치

걸프전 이후에 미 육군은 M12 자주포로 무장했다. 당시 세계에서 가장 뛰어난 성능을 자랑하던 이 장갑차가 개발된 사연은 꽤나 흥미롭다.

조지 패튼 중위는 미국 육군에서 최고의 장갑 탱크 전문가로 인정받았다. 그는 M12 자주포를 개발하라는 명령을 받자 즉시 '라이벌'

을 파트너로 삼았다. 이 파트너는 MIT 출신의 유명한 파괴력 전문가 마크 매츠였다.

두 사람은 각기 연구팀을 거느리고 연구 개발에 착수했다. 조지는 탱크의 방어 기능을, 마크는 공격 기능을 연구 개발했다. 개발 초기에 마크는 조지가 개발한 신형 장갑차를 손쉽게 폭파시켰다. 하지만 계속해서 탱크의 재료와 기능을 개선하는 노력을 한 결과 조지 패튼은 공격에도 끄떡없는 장갑차를 만들어 냈다.

세계 최강의 장갑차는 이렇듯 '파괴'와 '반파괴'의 대립을 통해 탄생했다. 패튼과 매츠는 연구 분야에서는 라이벌이자 '원수'와 같았지만 함께 공로 훈장을 받았다.

당신을 괴롭히는 적수는 보통 친구 두 명보다 더 유익하다는 사실을 잊지 말아야 한다.

정식 출간된 마오쩌둥의 13권의 저서에 등장하는 인물은 모두 305명이다. 이들 가운데 가장 많이 언급된 사람은 누구일까? 흔히 저우언라이, 부인이었던 양카이후이楊開慧와 장칭江青 등이라 대답하지만, 정답은 천만 뜻밖에도 장제스蔣介石이다.

장제스는 마오쩌둥의 책들에서 무려 1,044번이나 등장한다. 이는 마르크스와 레닌, 절친한 친구들보다도 훨씬 많은 숫자이다. 한 사람의 기억 속에서 지워지지 않고 계속 떠오르는 사람은 십중팔구가 라이벌이다. 두 사람의 실력이 엇비슷하고 오랜 시간 동안 경쟁을 할수록 더 많이 기억을 지배하게 된다. 물론 상대를 입에 직접 올리는 경우도 적지 않다.

라이벌이 나의 존재 의미와 가치를 결정한다는 말이 있다. 그러므로 라이벌이 있다는 것은 절대적으로 좋은 일이다. 실제로 많은 사람들의 뛰어난 능력, 불후의 업적, 명예 따위는 라이벌이 준 것이라 할 수 있다. 라이벌과 경쟁할 때 각별히 분발하여 자신도 미처 몰랐던 능력을 십분 발휘하고, 그 결과 보통 사람과는 비교할 수 없을 정도의 성과를 거두기 때문이다.

물론 많은 사람들이 라이벌의 손에 인생을 망치기도 한다. 이러한 비극적 결말을 피하기 위해 용기를 내서 라이벌을 연구하고 공격해서 소기의 목적을 거두는 경우도 적지 않다. 동서고금을 막론하고 걸출한 인물들은 대부분 라이벌에게 승리를 거둔 전적(?)을 갖고 있다. 적자생존은 어차피 피할 수 없는 공정하고도 잔혹한 자연의 법칙인 것이다.

성공을 거둔 사람이 라이벌을 잃는 것은 의심의 여지가 없는 비극이다. 권투의 제왕이라 불리던 마이크 타이슨을 물리친 에반더 홀리필드의 경우가 바로 그러하다. 타이슨이 홀리필드의 귀를 물어뜯은 사건으로 인해 선수 생활을 할 수 없게 되자 홀리필드는 진정한 적수와 시합을 할 수 없게 되었고, 관중이 급감하자 수입도 급전직하했다. 그때야 홀리필드는 타이슨과의 경기가 얼마나 대단한 가치가 있는가를 깨달았다. 그래서 그는 공개적으로 타이슨이 컴백해야 한다는 지지 성명을 냈다.

라이벌의 가치를 분명히 아는 사람이야말로 경쟁 속에서 끊임없이 자신을 계발하여 성공을 거둘 수 있다.

006
깨를 버려야 수박을 얻는다

고대 그리스의 프리지아 왕국의 고디어스 왕은 신전에 매듭을 하나 묶어 놓고 이것을 푸는 자가 아시아를 정복할 것이라고 예언했다. 기원전 334년에 이르기까지 이 매듭을 푼 사람은 없었다. 이 해에 알렉산더 대왕은 대군을 이끌고 아시아로 가는 길에 고디어스의 매듭을 풀기 위해 신전에 도착했다. 그는 한칼에 매듭을 잘랐다. 그 후 알렉산더 대왕은 일거에 그리스보다 50배가 큰 페르시아를 점령하고, 거대한 제국을 건설했다.

산에서 풀을 베던 소년이 뱀에게 발등을 물렸다. 고통을 참지 못하던 아이는 먼 곳의 병원까지 가다가는 살 수 없을 것이라는 생각이 들자 망설이지 않고 낫으로 발을 잘랐다. 얼마 후 소년은 이를 악물고 병원까지 가 치료를 받았다. 발 하나를 잃었지만 그로 인해 목숨을 지켜낸 것이다.

한 청년이 웨이터를 뽑는 레스토랑에 찾아가 면접을 보았다. 사장이 물었다.

"손님이 아주 많을 때 자네가 들고 있는 접시가 떨어지려고 하면 어떻게 하겠나?"

이 물음에 사장을 만족시킬 만한 대답을 한 지원자는 없었다. 그런데 이 청년은 이렇게 대답했다. "제 주위의 테이블에 모두 손님이 있다면 어떻게 해서든 접시가 제 몸 쪽으로 떨어지게 하겠습니다." 사장은 당연히 그를 고용했다.

알렉산더 대왕이 과감하게 매듭을 끊은 것은 취사선택에 있어 망설이지 않는 사고방식을 보여 준다. 소년이 발을 자름으로써 목숨을 건진 행동은 스스로에게 도전하는 결의를 상징한다. 그리고 접시를 자기 몸 쪽으로 떨어뜨리겠다는 것은 고객을 최고로 생각하는 사려 깊은 배려를 표현한 것이다.

세 가지 이야기는 모두 한 가지 진실을 보여 주고 있다. 즉 과감하게 버릴 것과 얻을 것을 선택할 때 더 큰 이익을 얻을 수 있는 기회가 생긴다는 것이다. 이런 행동을 하기 위해 우리는 잡다한 일들 중에서 가장 중요한 것을 선택하고 나머지는 포기할 줄 알아야 한다.

경영자들의 하루 일정을 살펴보면 접대와 대인관계를 맺는 데 상당한 시간을 소비한다는 사실을 알 수 있다. 어느 기업의 회장은 솔직히 말해 매일 외부 인사를 접대하기 위한 만찬을 하는데, 기본적으로 '공적인' 성격이 대부분이라고 했다. 그는 누군가를 소홀히 대접하면 회사가 손해를 볼지도 모른다는 불안감을 느낀다고 고백했다.

그러나 접대를 많이 하지 않는 회장들도 기업 경영에 전혀 지장을 받지 않는다. 이와 마찬가지로, 매스컴에 자주 오르내리는 경영자와 그렇지 않은 경영자를 비교해도 대외 활동의 차이로 인해 경영에 영향을 받지는 않는다. 많은 경우에 'NO'라고 말하는 방법을 익히면 문제는 저절로 해결된다.

회의나 행사에 자주 참가한다고 해서 경영자 본인이나 기업, 그리고 개최측이 뚜렷한 이익을 보지는 않는다. 한 조사에 의하면 접대를 위한 식사 자리 가운데 최소한 3분의 1은 경영주가 참석할 필요가 없다고 느끼는 자리라고 한다. 경영학의 아버지라 불리는 피터 드러커는 접대를 안 하면 기업이 위험하다는 생각은 근거가 없다고 했다. 그는 해리 홉킨스를 일례로 들었다. 2차 세계 대전 당시 해리 홉킨스는 루즈벨트 대통령이 가장 신뢰하는 고문이었다. 그런데 홉킨스는 보행조차 힘들 정도로 건강이 안 좋아서 일을 하는 시간도 아주 짧았다. 병약한 그로서는 하는 수 없이 활동량을 최소한으로 줄여서 중차대한 일만을 처리했다. 결과적으로 그는 일에서의 능률이 건강할 때와 동일했고, 미국 정부에 큰 기여를 함으로써 처칠 수상으로부터 '국보급 인물'이라는 찬사를 들었다.

기업의 간부들, 특히 최고경영자는 대부분의 시간을 기업의 전략적 문제를 해결하고 기업의 발전을 모색하는 데 써야 한다. 그렇지 않고 원래 부하들이 해야 할 구체적인 사무에 시간을 할애하는 것은 시간과 정력을 허비하는 일이란 사실을 명심해야 할 것이다.

007
빨리 가려 하면 도달하지 못한다

1991년에 중국 주하이珠海에 쥐런巨人 엔지니어링사가 창립되었다. 사주인 스위주史玉柱는 중국의 IBM이 되겠다는 야심으로 매진한 결과 10명 이하로 출발했던 직원의 수가 불과 2년 뒤에 3천 명으로 증가하는 눈부신 성과를 거뒀다. 이와 동시에 필기 인식 소프트웨어의 매출액은 3억 6천만 위안을 기록했고, 1994년에는 10억 위안을 돌파했다. 쥐런 엔지니어링사는 일시에 초고속 성장의 모델이 되었고, 중국의 기적이라는 평가까지 들었다.

그러나 혀를 내두를 만한 성장 속도와 규모는 맨손으로 일어난 학자 출신의 오너 스위주를 만족시키지 못했다. 그는 자신의 회사가 IBM과 비교했을 때 갈 길이 까마득히 멀다고 생각했기 때문이다. 그래서 그는 매출액이 1995년에는 50억 위안, 1996년에는 100억 위안에 도달해야 한다는 목표를 설정했다. 이를 위해 그는 위생제품, 의약, 컴퓨터의 세 분야에서 수십 종의 제품을 생산했다.

결과는 시장 조사의 부족, 자체 생산력과 영업력의 미비, 특히 과열 성장으로 인한 경영 부실 등으로 인한 참패였다. 이 밖에도 스위주는 중국 최고의 '쥐런 빌딩'을 짓는 데 거액을 투자하는 바람에 자금난에 시달리게 되었다. 1997년 1월, 그동안 잠재되었던 위기가 폭발하자 '거인'이라는 회사명이 무색하게 도산했다.

몇 년 전에 중국은 '쥐런'처럼 객관적인 조건을 무시하고 고속 성장을 추구하며 문어발식 경영을 하는 기업들로 몸살을 앓았다. '낙마'를 하는 기업들이 잇달았고, 겨우 명맥을 유지하거나 가까스로 버티는 등 사정은 몹시 좋지 않다. 쥐런처럼 비참하게 무너진 경우는 많지 않지만, 이미 기운 사세를 역전하기란 힘든 것이 사실이다.

국내외 기업들의 사례를 보면 경영의 '다각화'에는 전제 조건이 있음을 알 수 있다. 즉 사업 기반이 확실하고 자원과 경영 시스템이 건실해야만 성공의 확률이 높은 것이다. 적지 않은 기업들이 야심에 불타 조급하게 사업을 확장하고 있다. 전선이 확대되어 자원이 분산되는 상황에서, 경영 또한 뒷받침하지 못한다면 어떤 결과가 나타날지는 굳이 말할 필요가 없을 것이다.

008
목표는 간명할수록 좋다

한 목동이 산에서 나무를 하다 노인을 만났다. 갑자기 비가 내리자 행동이 불편한 노인은 목동에게 동굴 속에 있는 자신의 도롱이를 가져다달라고 부탁했다. 목동은 흔쾌히 가져다주겠다며 동굴 속으로 들어갔다. 긴 동굴의 양편으로 빛이 나는 물건이 보이자 목동은 처음에는 신경을 쓰지 않았지만, 좀 더 들어가니 보물인 것 같은 물건들이 쌓여 있자 마음이 동했다.

조금 가져가도 괜찮을 것이라 생각한 그는 금 덩어리를 집었다. 도롱이가 보이지 않아 계속 안으로 들어가던 그는 곳곳에 있는 보물들을 줍다가 노인의 부탁을 잊은 듯 더 깊숙이 들어갔다. 도롱이를 찾지 않고 보물을 줍던 그는 결국 밖으로 나오지 못했다.

목동은 노인과 자신을 도울 생각이었지만 안타깝게도 유혹 앞에서 본래의 목적을 잊었고, 스스로를 해치는 결과를 초래했던 것이다.

기업의 발전 목표는 궁극적으로 사원들이 노력해야 할 방향을 제시하고, 투지를 북돋아 주어야 한다. 하지만 너무 노골적이고 단순한 목표를 설정하지 않으려고 하다가 목표가 방대(?)해지는 우를 범한다. 이러한 목표에는 전략, 전술, 경영, 영업, 장기적 그리고 단기적, 조직 전체와 개인이 지향해야 할 방향이 모두 포함되어 있다.

목표를 만드는 사람은 기본적으로 사원들이 더욱 구체적이고 확실하게 목표를 인식하도록 의도하지만, 역효과를 낳곤 한다. 잡다한 목표로는 요점과 명확한 행동 방향을 파악하기가 곤란하기 때문이다. 조직의 성원들은 간결하면서도 실행 가능한 목표를 선호하게 마련이다. 관리자급 인물들은 일반적으로 목표를 너무 복잡하게 생각하는 경향이 농후하지만, 일반 직원들은 전면적으로 수용하기 어렵다. 그러므로 목표와 발전 방향은 반드시 이해와 행동에 무리가 없도록 정제된 것이어야 한다.

또한 목표에 대한 불신감이 생기지 않도록 해야 한다. 기업의 목표가 변하는 것은 어쩌면 당연한 일이다. 문제는 원래의 목표가 불합리하게 변하는 것이다. 대표적인 예는 다음과 같다. (1)신임 CEO가 전임자가 실행하여 그 가치를 인정받은 목표를 바꾼다. (2)치열한 시장 경쟁으로 인해 단기적으로 타격을 입었을 뿐인데도 기존의 중장기 목표를 바꾼다. (3)경영주가 변덕을 부려 이미 진행 중인 투자를 축소하거나 폐지한다. (4)기업의 현황을 고려하지 않고 오너의 '지시'에 따라 발전 목표를 바꾼다.

목표가 개악되면 직원들은 경영주에 대한 믿음이 깨져 불안감이 생길 뿐만 아니라, 단결심에도 금이 가게 된다.

마지막으로 중간관리자의 무능은 목표 달성에 지장을 초래한다는 것을 명심하자. 비교적 많은 기업들에서 나타나는 현상 중의 하나는 일반 직원들과 경영주는 자질과 능력을 갖추었으나, 중간관리자가 상하를 연결하는 '허리' 역할을 제대로 하지 못하는 것이다. 즉 정상적으로 기능을 못 하는 중견 사원들로 인해 고위층의 의지나 목표가 기층까지 전달되지 못한다. 이렇듯 목표가 중간에서 '경색화'되는 현상은 커뮤니케이션의 단절을 야기할 뿐만 아니라 조직의 단합에도 커다란 장애로 작용한다.

009
전진의 기술과 후퇴의 예술

나아갈 때와 물러날 때는 동전의 양면과도 같다. 모든 세상사에는 진퇴가 있고, 비즈니스에서의 경쟁도 예외는 아니다. 과감하게 투자나 확장을 해야 할 때가 있는가 하면, 투자를 거두거나 규모를 줄이는 타이밍을 잘 포착해야 할 때가 있는 것이다. '물을 거슬러 올라가는 것'이 전진의 기술이라면, '거센 물결 속에서 용감하게 뒤로 물러나는 것'은 후퇴의 예술이라 할 수 있다.

1950년대 중반에 플라스틱 조화는 유럽과 미국에서 선풍적인 인기를 끌었다. 홍콩의 사업가 리자청李嘉誠은 플라스틱 완구를 생산했으나 재빨리 플라스틱 조화로 업종을 전환했다. 그 결과 세계 최대의 플라스틱 조화 제조업체가 되었고 리자청은 '플라스틱 조화의 제왕'으로 불리게 되었다. 그런데 이 분야의 정상이 된 지 얼마 안 되어서 그는 과감하게 수익성 높은 조화를 포기하고 다시 완구 제작으로 돌아섰다. 얼마 후 조화의 인기가 폭락했고, 과열 상태의 공장들은 도미노처럼 줄줄이 무너졌다.

1970년대에 미국에서 '가발 붐'이 일자 홍콩의 가발 제조업은 수출 액이 10억 홍콩달러1홍콩달러는 한화 약 120원에 해당에 달할 정도로 활황을 누렸다. 그런데 홍콩 가발업계의 개척자인 류원한劉文漢은 과감하게 가발 제조를 포기하고 호주로 건너가 새로운 분야에 도전했다. 마치 그가 예상이라도 한 듯이 얼마 후 미국의 가발 붐이 냉각되면서 홍콩의 가발업자들은 줄줄이 파산했다. 1960년대에 미국 화교 차이즈용蔡志勇는 '맨해튼 펀드'를 조성하여 '금융의 마술사'라는 호칭을 얻을 만큼 큰 이익을 얻었다. 그러나 그는 펀드 주가가 상한가를 기록할 때 매각했고, 다음 해에 주가는 폭락했다.

비즈니스로 돈을 버는 것은 일반인이 생각하는 것처럼 그리 힘들지 않다. 하지만 이익을 낸 다음 손해를 보지 않기란 대단히 어렵다. 성공한 사업가들은 장기적인 안목으로 미래의 시장을 예측한다기보다는 모든 일은 상승에서 하강으로 향한다는, 달리 말해 흥망의 사이클이 있다는 것을 제대로 꿰뚫고 있다고 말할 수 있다. 그래서 격류 속에서 과감히 후퇴하는 현명한 선택을 하는 것이다.

부자의 좌우명

- 당신이 정말로 흥미를 느끼는 일을 하라. 시간을 투자하기 싫은 일을 하면 성공하지 못한다.

- 반드시 사장이 되라. 다른 사람을 위해 일하면 당신은 절대로 부자가 되지 못한다. 사장은 어떻게 해서든 지출을 줄이려 할 뿐, 당신을 부자로 만들겠다는 목표 따위는 갖고 있지 않다.

- 당신이 배우나 사업가라면 최대한 관중 수를 늘려라. 작은 카페에서 노래를 하는 사람이 음반을 내는 가수보다 많은 돈을 벌 수 없다. 지역적인 사업가는 전국을 상대로 하는 사업가보다 돈을 많이 벌 리가 없다.

- 사회적 수요를 창출하여 만족시켜라. 사회가 복잡해질수록 사람들이 원하는 상품과 서비스도 증가한다. 가장 먼저 이러한 수요를 발견해서 만족시키는 사람은 누구보다 먼저 돈을 긁어모으게 된다.

- 새로운 아이디어와 신상품은 부로 연결된다. 하지만 당신이 고안한 새로운 방식이 기존의 것보다 더욱 이상적인지 확인해야 한다. 새로운 방식은 상품의 모양, 효율성, 품질, 편리함을 개선하고 원가를 절약할 수 있어야 한다.

- 전문 지식이나 특이한 재능을 갖고 있다면 이를 충분히 활용하라. 당신이 요리를 아주 잘하는데 목수가 된다면 바보이다.

- 어떤 일을 시작하기 전에 주변 상황과 여건을 연구하면 시간과 돈을 절약할 수 있다.

- 벼락부자가 되려 하지 말고 지금 하고 있는 일을 어떻게 하면 더 잘할 수 있는지 고민하는 것이 좋다. 순조롭게 일이 풀릴 때 돈도 따라 오는 법이다.

- 자신을 위해 쓰는 비용을 줄이되 인격에 흠집을 내는 행동은 하지 마라. 스스로 인격을 떨어뜨리는 것은 시간이 오래 걸리는 자살을 감행하는 것이나 마찬가지이다.

- 같은 업종에 종사하는 친구들과는 좋은 관계를 유지해야 한다. 그들은 당신이 어려울 때 많은 도움을 줄 수 있다.

- 자신이 감당할 수 없는 리스크가 있는 일에 모험하지 마라.

- 유능한 변호사를 고용하면 당신이 직접 하는 것보다 더 많은 돈과 시간을 절약하게 해준다. 유능한 회계사는 고용할 만한 가치가 있다는 사실을 증명해 줄 것이다.

- 건강한 몸과 평온한 마음을 유지해야 한다. 그렇지 않으면 아무리 돈이 많아도 소용없다.

03
생존과 발전의 **열쇠** 찾기

사업가들은 항상 남들보다 한 발 앞서 시장을 선점하려 한다. 이를 위해서는 부지런함과 건강 이외에도 재빠른 두뇌 회전이 필요하다. 일부 경영주들은 건강과 지능의 한계를 뛰어넘은 듯 고령에도 탁월한 경영 능력을 자랑한다. 그 이유는 오랜 시간 축적된 경험이 있기 때문이다. 그리고 많은 경험들 가운데 어떤 것들은 지혜로 이어진다.

경험은 모두 값지지만, 특히 실패의 경험은 미래에 똑같은 일을 할 때 귀감이 되므로 매우 귀중하다. 일반적으로 경험이 풍부한 사람들은 다양한 분야에 폭넓은 지식을 갖고 있다. 다만 유의해야 할 사실은 경험이 만능은 아니라는 것이다. 현실적으로 협상의 여지가 있는 일을 할 때 경험은 가치를 발휘하게 된다.

'남들보다 한 발 앞서야 한다'는 말은 지극히 평범하게 들리지만 기업들이라면 모두 기선을 제압하기 위해 전력을 다하기 때문에 좋은 결과를 얻기는 매우 힘들다. 경영주가 조금이라도 망설이면 추월 당하고, 한 발 뒤처지기 시작하면 10보, 100보, 천 리로 거리가 벌어져 결국 만회할 수 없게 된다.

　매사에 효율성을 추구하는 시대에 사는 우리는 어떤 일을 하더라도 사전에 충분한 파악을 해야 한다. 또한 좋은 아이디어도 즉시 실행하지 않으면 얼마 후에 재고의 가치조차 없을 정도로 구태한 발상이 되어 버린다. 무엇보다도 비즈니스에서의 리스크를 낮추기 위해 경영자는 평소에 가변적 요소에 대한 관찰력과 기민한 판단력 등을 키워야 한다. 그래야만 경쟁 상대에게 우월한 위치를 빼앗긴 뒤 통탄의 눈물을 흘리지 않을 수 있다.

　실제로 해낼 수 있는 일도 불가능하다는 생각을 가지면 실패하기 쉽다. 역으로, 성사시키기가 대단히 힘든 일들도 자신감을 가지고 노력하면 좋은 결과를 얻을 수 있다.

오래된 길은 수많은 사람이 걸어갔고, 그 위에 찍힌 발자국도 무수히 많다.
그런 길에는 발자국을 남길 수 없다.

001
정보 수집의 중요성

미국인 피터는 석유 관련 사업을 하고 싶어 했다. 한 친구로부터 아르헨티나가 2천만 달러의 부탄가스를 구매할 예정이라는 정보를 들은 피터는 꼭 기회를 잡기로 작정했다. 아르헨티나로 날아간 그는 세계적인 다국적 기업 두 곳이 이번 비즈니스의 경쟁자들임을 알았다. 그런데 그는 우연히 아르헨티나가 쇠고기 공급 과잉 상태여서 골치를 앓고 있다는 정보를 접했다.

그는 정부 측과 협상을 하며 자신에게서 2천만 달러의 부탄가스를 구매하면 같은 액수의 쇠고기를 사들이겠다고 약속했다. 아르헨티나 정부는 다급했던 터라 피터와 계약을 맺었다.

계약 후 곧바로 스페인에 간 피터는 한 조선회사를 찾아갔다. 이 회사는 선박 건조의 오더를 따지 못해 도산 직전의 상태였다. 그는 스페인 정부의 관리들을 만나 또 하나의 계약을 따냈다. 조건은 스페인이 피터로부터 2천만 달러의 쇠고기를 사고, 피터는 2천만 달러 상당의 유조선을 주문한다는 것이었다.

아르헨티나에서 산 쇠고기를 스페인으로 무사히 운송한 피터는 필라델피아의 한 석유회사를 찾아가 스페인에서 건조한 대형 유조선을 임대하면 2천만 달러의 부탄가스를 사겠다고 제의했다. 쌍방은 순조롭게 계약을 맺었다. 이로써 피터는 석유업계에 발을 들여놓겠다는 꿈을 이루게 되었다.

똑똑한 사람은 기회를 찾는 것이 아니라 직접 만든다. 절묘한 타이밍으로 서로에게 필요한 것들을 교환하는 것은 현명한 선택이다.

위기와 기회는 본질적으로 정 깊은 쌍둥이와도 같다. 투자는 쉽지만 승리의 관건은 바로 성공을 위한 계획을 어떻게 짜는가에 있다. 창의성과 노력이 동반될 때만 부를 축적할 수 있는 것이다. 그리고 시장 조사는 행군 시에 도로를 먼저 탐색하는 것과도 같다. 즉 소비자의 심리와 욕구를 파악하면 두 장의 에이스를 얻은 것이나 마찬가지이다. 끊임없이 사고를 전환하고, 사업 아이템을 바꾸는 노력을 기울인다면 성공은 결코 어렵지 않다.

확실한 정보를 수집하는 것은 기회를 만들어 내는 첩경이다. 그리고 경쟁을 해야 할 때는 선택을 고집할 것이 아니라, 현명한 선택을 해야 한다. 즉 남들보다 한 발짝 앞서 가야 하지만, 때로는 두 발자국 뒤로 물러설 줄도 알아야 하는 것이다. 냉혹한 사실은, 성취는 영원히 자신감과 의지력의 크기에 정비례한다는 것이다.

002
참신한 발상이 돈을 부른다

화장품 광고는 통상적으로 아름다운 젊은 모델을 내세운다. 그런데 난징南京 화장품사는 주름투성이의 여성을 매장에 직접 모델로 세워서 당사의 화장품으로 화장하는 모습을 보여 주었다. 결과는 생산 라인에 불이 날 정도의 대박이었다.

상식적으로 생각할 때 제품을 팔려면 '자화자찬'을 해야 하지만 한 시계회사에서는 정반대의 광고 전략을 썼다. '자사의 손목시계는 정확하지 않아서 하루에 24초가 늦습니다. 소비자께서는 구매 전에 충분히 생각해 보시기 바랍니다'라는 광고 카피는 적중했다. '왕'이라는 고객들이 감동을 하고 24초 늦은 시계를 기꺼이 샀다.

비즈니스에서 역발상은 허를 찌르는 판매 촉발로 이어진다.

미국의 대부호 J.P 모건이 젊은 시절 아내와 미국에 이민했을 때는 완전히 빈털터리였다. 생계를 위해 그는 잡화점에서 계란 장사를 시작했다. 그는 손님들로부터 계란이 작다고 불평하는 소리를 자주 들었다. 며칠 동안 곰곰이 손님들을 관찰한 그는 아내에게 계란을 팔도록 했다. 그 결과 손님들은 계란이 작다는 말도 하지 않았고, 모건에 대해서도 호감을 보였다.

상황이 역전된 이유는 손의 크기에 있었다. 모건의 손이 크고 거칠어서 계란이 상대적으로 너무 작아 보였던 것이다. 그런데 같은 계란이지만 여자의 작고 부드러운 손에 놓이자 고객들에게는 다른 모습으로 비쳤다. 크기는 변함이 없었지만 손님들은 계란이 작다는 생각 없이 지갑을 열었던 것이다.

새로운 아이디어는 돈을 부른다. 과거의 관행을 답습한 틀에 박힌 사고방식은 오늘날 설 자리가 없다. 성공의 기쁨은 사고의 전환, 상투성으로부터의 탈피, 풍부한 창의력, 과감한 시도가 있을 때 맛볼수 있다. 신제품을 개발하고 시장을 넓히는 비결은 다름 아닌 진부한 사고를 깨부수는 것이다.

통념을 깨는 발상은 소비 행태와 시장 분석, 판로 개척, 대책 마련 등에서 무한한 가치를 발휘한다. 먼지는 불어서 제거하는 것을 원칙처럼 받아들이던 시절에 역으로 하면 더 효과적이겠다는 생각을 한 휴버트 세실브스는 먼지를 빨아들이는 진공청소기를 발명했다. 칼로 연필을 깎으려면 칼을 움직이고 연필은 고정해야 한다. 하지만 역발상으로 만들어 낸 것이 자동 연필깎이였다. 소리는 진동하지만, 에디슨은 진동을 소리로 환원하여 유성기를 발명했다. 벨은 음성을 전신부호로 바꾸는 대신 전신을 음성으로 바꿈으로써 전화를 탄생시켰다.

기업이 새로운 제품을 개발하기 위해서는 일반적인 생각의 틀을 벗어나 소비자의 욕구와 기존 상품이 지닌 단점에서 영감을 얻어야 한다. 남들이 개발하지 않았고, 새로운 소비층을 만들어 낼 수 있는 제품을 생산하면 경쟁사와의 전쟁에서 승리할 수 있다.

003
자신을 무너뜨려라

'자신을 무너뜨려라.' 이 말은 중국 하이얼海爾 그룹 회장 장루이민張瑞敏이 한 것으로 오늘날 대단한 성공을 거둔 그룹의 사훈이다. 끊임없이 전진해야 어제의 명예를 지킬 수 있는데, 그 전제는 과거를 부정해야 한다는 것이다. 현실적으로 일 보 전진하는 것은 과거를 '타기' 할 때 가능하다.

1988년에 중국 롄상聯想 컴퓨터사는 미국 AST 컴퓨터의 수입 판매를 시작했다. 몇 년 동안 사세가 커진 롄상은 자체적인 판매망을 구축하고 전국적으로 10여 개의 지사를 설립했다. 순조롭게 성장을 거듭하던 때, 롄상은 경영의 주축을 수입 판매에서 자체적으로 PC를 생산하는 쪽으로 전환하여 '1+1' 컴퓨터를 시장에 내놓았다.

피터 드러커는 탁월한 경영자는 정기적으로 자신과 동료들의 계획을 점검, 반성하고 '지금이 우리가 아직 진출하지 않은 분야에 뛰어들 때인가?' 하는 문제의식을 가져야 한다고 했다. 만약 대답이 긍정적이면 현재 진행 중인 프로젝트를 중단할 것이다. 적어도 대량의 자원을 가치가 별로 없는 분야에 투입해서는 안 되기 때문이다. 듀퐁사는 오랜 기간 동안 이런 원칙을 견지했다. 즉 어떤 제품의 판매나 생산이 감소하면 조금도 망설이지 않고 생산을 중단하고, 인력과 자금을 새로운 분야에 투입한다.

그러나 일부 기업들은 자사의 성장을 주도한 제품에 대해서는 보호할 책임이 있고, 그렇게 함으로써 시장에서 일정 비율을 점유하도록 해야 한다는 입장을 고수하고 있다. 1960년대에 일본의 시계 제조업이 세계 시장에서 차지하는 비율은 미미했다. 하지만 일본의 업자들은 시계 제조업을 발전시키겠다는 의지를 가지고 적시에 자동 시계 대신 석영quartz 시계를 생산하여 단기간에 시장을 점령했다. 이와는 대조적으로 석영 시계를 발명했던 스위스의 시계 메이커들은 과거의 성공작이었던 기계 시계에 집착했다가 막대한 손실을 보았다. 1980년대에 이르러 스위스 최대의 시계 회사는 일본 세이코사에 비해 규모가 절반에 불과하게 되었다. 이 사실은 깊이 생각해 볼 여지가 있다.

사실상 자기 부정 속에는 시대착오적인 제도, 관리 방식, 업무 절차 등에 대한 반성이 포함되어야 한다. 낡은 제도나 관행을 지속적으로 폐지해 나갈 때 혁신과 발전이 가능하다. 기업들 가운데 다수가 참신한 발상을 하지 못하는 것은 아니지만, 거의 모든 인력, 자원, 자본 등을 기존의 사업 분야에 투자하고 있기 때문에 새로운 영역에 도전할 여유를 갖지 못한다. 분명한 사실은 옛것을 버려야만 새로운 국면이 형성된다는 것이다.

004
차라리 귀머거리가 되라

개구리 무리가 높이 오르기 시합을 하게 되었다. 도착점은 아주 높은 석탑의 맨 꼭대기였다. 한 떼의 개구리들이 옆에서 응원을 했다.

구경하는 개구리들은 하나같이 아마 저 높은 곳까지 오르는 친구는 없을 거라고 수군댔다. 이 소리를 들은 개구리들은 힘이 빠져 포기하기도 했고, 오기가 난 개구리들은 악착같이 올라갔다.

시간이 지날수록 힘에 부친 개구리들은 포기하고 내려왔다. 하지만 한 마리는 조금도 힘이 들지 않는다는 듯이 탑 위로 올라갔다. 결국 이 개구리만 혼자 탑의 정상까지 기어 올라갔다.

다른 개구리들은 승리한 개구리가 어떻게 끝까지 올라갔는지 궁금했다. 한 개구리가 다가가 승리의 비결을 물어보다 기가 막힌 사실을 발견했다. 그 개구리는 귀머거리였던 것이다!

　부정적이고 비관적인 생각을 가진 사람들의 말을 들어서는 안 된다. 그들은 마음에 품고 있는 아름다운 꿈과 희망을 산산조각 내기 때문이다. 힘을 실어 주는 말만이 당신의 행동에 긍정적인 영향을 미친다는 사실을 기억해야 한다. 누군가 당신에게 꿈을 이룰 수 없다고 말할 때는 차라리 귀를 막고 '귀머거리'가 되어 나는 틀림없이 해낼 수 있다고 다짐해야 한다.

　실패를 했기 때문에 포기하는 것이 아니라, 싫증을 내고 포기하기 때문에 실패한다. 어떤 일을 하더라도 '절대로 불가능해'라는 생각을 하면 영원히 성공할 수 없다. 반대로 '반드시 할 수 있지만 문제는 어떻게 해야 하는가'라고 생각한다면 많은 어려움을 극복하고 성공의 기쁨을 맛보게 된다. 그러므로 당신이 어떤 일을 해야겠다고 결심했다면 긍정적인 사고를 하는 것이 무엇보다 중요하다.

005
시장은 찾는 것이 아니라 만드는 것

　치열한 시장 경쟁은 경영자들이 시장을 찾기 힘들다는 한탄을 하게 만든다. 시장은 저절로 찾아오는 것이 아니라 만들어야 하는 것이다. 두부는 중국에서 최초로 만들어졌지만, 두부로 큰돈을 번 당사자는 일본인들이다. 그 이유는 중국의 두부는 천여 년 동안 모양, 맛, 먹는 방법 등에서 별로 변화가 없었기 때문이다. 하지만 일본에서는 원래의 두부에 만족하지 않고 끊임없이 새로운 두부를 만들어 냄으로써 미국 시장에 성공적으로 진출했다.

일본인들은 미국인의 호기심이 유별나다는 점에 착안하여 두부에 천연 과즙을 혼합하여 색깔과 맛이 다른 상품들을 개발했다. 이와 동시에 전통적인 포장 방법이 아닌 무균 포장법을 개발해서 보존 기간을 10개월 이상으로 늘렸다. 일본의 신종 두부는 미국에서 폭발적인 인기를 얻어 새로운 시장을 개척했다.

현재의 과열 경쟁에서 선두의 자리를 차지하려면 기업과 경영자들이 사고의 폭을 넓혀서 '새로움'과 '특이함'에 방점을 찍어야 한다. 경쟁자들이 넘볼 수 없는 제품을 만드는 것이야말로 시장을 석권하는 최상의 방법이라 하겠다.

그러나 현실적으로 경영자들은 뚜렷한 경영관이 없이 빨리 결실을 얻기 위해 마구잡이로 인기 업종에 벌떼처럼 달려들곤 한다. 결과는 과다경쟁으로 인한 유혈사태(?)이고, 심한 경우에는 도산에 직면한다. 시장 개척에 노하우가 있는 기업들은 시장 규모가 크지 않은데도 경쟁자들이 많은 분야는 절대적으로 피한다. 그 대신 틈새시장을 노려서 생산과 소비를 증대시키는 방향으로 노력하여 새로운 시장을 만들어 낸다. 그럼으로써 치열한 경쟁 속에서도 불패 신화를 이룩한다.

006
시장에는 지각이란 단어가 없다

스웨덴의 일렉트로룩스사는 세계 최대의 가전용품 회사로서 냉장고 판매량은 유럽에서 부동의 1위를 차지하고 있다. 1998년에 유럽 시장에서 18.9%의 점유율을 기록했던 일렉트로룩스는 창사長沙의 냉장고 메이커인 중이中意사를 인수하여 본격적으로 중국의 냉장고 시장에 진출했다. 당시 중국의 냉장고 생산 능력은 연 2,300만 대라고 했지만 실제 생산량은 약 1천만 대였고, 시장 수요는 800만 대에 불과했다.

한편 중국 시장에서는 과열경쟁으로 인해 많은 제조 메이커들이 도태된 상태에서 하이얼海爾, 룽성容聲, 메이링美菱, 신페이新飛사의 냉장고가 시장의 71.9%를 차지했다. 상식적으로 볼 때 이 시기에 중국 시장에 진입하는 것은 상식을 벗어난 짓이었다. 그러나 중국 시장에 대한 낙관적인 전망과 '시장에는 지각이란 단어가 없다'는 철학으로 일렉트로룩스사는 시장 진출을 단행했다.

무엇보다도 일렉트로룩스가 비상식적인(?) 결정을 한 이유는 중국 시장에 대해 광범위한 조사와 주도면밀한 분석을 했기 때문이다. 실제로 1987년에 중국 시장에 들어왔던 일렉트로룩스의 회장은 한 국가의 시장을 개척할 때는 반드시 현지 사정과 소비 행태와 같은 사회 문화적 배경을 중시해야 한다는 경영관을 갖고 있었다.

일렉트로룩스는 시장 개척의 경험이 풍부했지만 중국에 대해서는 다소 생소했으므로 독특한 시장 개발 계획을 세웠다. 이에 따라 먼저 소형 가전, 냉장고, 세탁기 등을 생산한 뒤 점차적으로 시장에 대한 이해를 바탕으로 자사 제품들을 판매하기로 결정했다. 그중에서도 냉장고는 중점 품목이었다. 얼핏 보면 중국 시장의 진출 시기는 부적절했지만, 일렉트로룩스의 계획은 타당성이 있었다.

시장 진입에 대한 적합성을 타진할 때는 필수적으로 시장의 성격, 경쟁사의 현황, 자사 조건 등을 따져 봐야만 한다. 일렉트로룩스는 조사와 분석을 한 결과, 현시점에서 과열경쟁으로 인한 포화상태가 문제이기는 하지만 소비자의 욕구가 다양해지고 있는 추세이므로 특별한 기능과 뛰어난 품질 및 서비스로 바람을 일으키면 승산이 있다고 판단했다.

이 무렵 중국의 가전 메이커들은 새 기능을 갖춘 제품의 개발과 서비스 향상에 많은 노력을 하고 있었다. 예를 들어 하이얼은 항균 기능, 룽성과 신페이는 에너지 절약, 냄새 제거, 친환경 등의 기능을 갖춘 제품, 메이링은 신선도 유지 기능을 강화한 냉장고 등을 자사의 간판 제품으로 시장을 공략했다. 서비스의 질도 많이 좋아졌지만 소비자의 까다로운 입맛을 만족시키기에는 다소 거리가 있었다. 달리 말하면 개선의 여지가 많은 점이 바로 기회라 할 수 있었다.

일렉트로룩스사는 풍부한 자본력과 다년간 축적한 제조 기술과 경험만으로도 중국 시장에 순조롭게 진입할 수 있었다. 하지만 낯선 중국 냉장고 시장에는 신중하게 접근하기 위해 소규모로 시작해 점차 판매를 늘려 간다는 전략을 세웠다. 전략이 세워진 뒤에 관건이 되는 것은 시장에서의 위상을 확실히 정하는 것이다. 목표를 달성하기 위해 일렉트로룩스는 광범위한 시장 조사를 실시했다. 조사 결과 경제가 발달한 도시 지역의 고소득 가정에서는 생활의 질을 중시하기 때문에 외국의 명품을 선호한다는 사실을 알게 되었다.

이 밖에도 중국산 냉장고는 소음이 커서 소비자들의 불만이 컸지만 기술력이 부족하고, 개선에 드는 비용으로 판매가가 높아지면 판매량이 감소하기 때문에 해당사들은 문제 해결에 소극적이란 사실을 알게 되었다. 이 기회를 놓칠 수 없는 일렉트로룩스는 저소음 컴프레서 제조 기술을 이용해 만든 '조용한' 냉장고를 고소득 가정에 판매하는 것으로 중국 시장에 진출하기로 결정했다.

그다음으로 마케팅에 있어 일렉트로룩스는 시종일관 처음의 목표를 관철하기로 했다. 주요 경쟁사이자 중국의 소비문화를 이해하는 핵심 코드인 하이얼의 마케팅 전략을 연구하는 한편, 하이얼의 공격적인 마케팅과는 달리 실리 추구로 방향을 정했다.

광고 비용은 하이얼의 3분의 1에 불과했지만 베이징, 상하이, 동북부 · 동부 · 남부 지역의 대도시를 중점 광고 지역으로 선택했다. 일례로 1998년에 베이징에서 한 광고는 10만 위안 정도로 하이얼의

9만 2천 위안보다 많았다. 광고 매체도 〈천바오晨報〉, 〈완바오晩報〉 등의 지역 신문에 집중하여 비용을 절감했다.

한편 소비자의 '마음을 사로잡는' 방법에 정통한 일렉트로룩스는 제품의 우수성과 소비자를 최우선으로 한다는 이미지를 강조하는 데에 주력했다. 그래서 '당신은 냉장고의 소음을 하루만 참으면 되는 것이 아닙니다. 10년, 15년을 인내해야 합니다……', '당신 옆에 있어도 조금도 느끼지 못할 만큼 조용합니다'와 같은 광고 카피로 소음이 없다는 점을 강조했다. 판매 후의 서비스 문제에 있어서는 '교환은 1년, 수리는 10년을 보장합니다'라는 약속을 했다. 국경일10월 1일이 국경일이지만 열흘 정도 장기 연휴가 계속된다과 춘지에春節, 우리의 음력설에 해당 기간에 도시의 신혼부부에게는 토스터, 다리미, 커피메이커 등의 소형 가전을, 일반 소비자들에게는 선물권이나 1년간 전기료를 대납하는 의외의 선물 공세를 폈다.

일렉트로룩스의 성공은 눈부셨다. 1998년에 이 회사의 냉장고 판매량이 5위를 기록한 것이다. 2년이라는 짧은 시간 동안, 그것도 지극히 불리한 시기에 거둔 성공은 기적이라고 말하기에 충분했다.

일렉트로룩스의 성공에서 우리는 두 가지 진리를 확인할 수 있다. 첫째, 시장 변화를 예측하기는 매우 힘들지만 어떤 순간에도 기회는 있으므로 깊이 있는 연구가 선행되면 많은 기회를 찾을 수 있다. 둘째, 자신의 능력과 조건을 감안하여 실행 가능한 목표와 전략을 세운 뒤 성실하게 밀고 나가면 성공은 결코 멀리에 있지 않다. 시장에는 아무리 늦게 가도 지각한 것이 아니다.

007
'순항'을 위한 위기 관리법

회사를 '배'로, 재고가 쌓이고 사원들 간에 소통이 되지 않는 등의 문제를 '암초'라고 비유하자. 이 배가 순항을 하기 위해서는 암초를 제거하거나 피해야 하는데, 해결 방법은 두 가지가 있다. 수위가 높아지던가 물이 완전히 빠지면 되는 것이다. 이런 경우에 어느 쪽을 선택하겠는가?

1980년대에 일본 경제가 비약적으로 발전하자 미국에서는 양국의 경영 스타일의 차이점을 밝히기 위해 연구에 박차를 가했다. 차이점들 중의 하나는 '재고 관리'와 '재고 제로' 방식이었는데, 이는 바로 수위를 높이는 것과 물을 빼는 방식의 차이와 같다고 할 수 있다.

고객을 절대로 놓치면—특히 주문이 쇄도할 때 제품 부족으로 고객이 돌아서는 경우—안 된다는 미국인들의 사고방식은 '재고 관리'에 많은 노력을 기울이게 했다. 그래서 제품에 대한 수요가 늘어날수록 더 많은 인력과 자원을 투입함으로써 일정 수준의 재고량을 유지했다. 관리를 위한 소프트웨어로 유명한 EPR은 이런 배경에서 개발된 것이다.

　이렇게 함으로써 표면적으로는 풍파도 겪지 않고 고객도 만족하는 등 기업의 운영은 순조로웠다. 그러나 암초는 잔잔한 수면 속에 숨어 있었다. 기업이 성장할수록 암초도 커졌고, 이를 피하기 위해서는 더 많은 물—인력, 자원, 자본 등—을 들이부어야 했다. 기업의 자원은 유한하지만 암초가 작을 때는 시장 수요와 재고량의 비율을 맞출 수 있다. 문제는 암초가 커지면 어느 날 물을 공급할 수 없는 지경이 된다는 것이다. 이때에 이르면 기업이라는 배는 침몰의 위기에 직면한다.

　미국과는 달리 일본은 '재고 제로'의 관리 방식을 선호했다. 물이 빠지면 돌이 드러나듯이, 공포의 암초는 물이 없을 때 진면목이 노출된다. 따라서 망설이지 않고 물을 빼서 암초를 제거하는 것이 일본의 재고 관리 방식이었다. 다시 말해 재고 문제의 뒤에 숨겨진 관리상의 하자, 즉 시장 예측의 부정확성이나 생산성 저하와 같은 폐단을 공론화해서 해결하는 것이다. 암초를 제거하면 확실히 기업은 순조롭게 성장을 거듭하게 된다.

　일본의 많은 기업들은 문제를 공론화해야 한다는 경영 마인드로 생산 공장에 '작업 정지' 스위치를 설치했다. 공장에서 가장 낮은 직급의 노동자라도 문제가 생기면 이 스위치를 눌러서 공장장과 엔지니어들을 부를 수 있도록 한 것이다.

　문제가 생겼을 때 사람들은 본능적으로 회피하려고 한다. 회사에 골치 아픈 문제가 발생하면 많은 관리자들이 곤혹스러움을 피하기 위해 문제가 노출되지 않게 덮는 데에만 신경을 쓴다. 문제를 덮는 방법 중 가장 많이 쓰이고 유효하다고 생각하는 것이 바로 자원 투입의 증가이다. 고요한 바다 속에 큰 위험이 도사리고 있다는 사실이 알려지지 않은 상태에서 앞장서서 회사의 문제점을 폭로하기란 여간 어려운 행동이 아닐 수 없다. 그렇기 때문에 기업주나 경영진은 부하들을 이렇게 격려해야 한다. "과감하게 문제를 지적하면 분명히 개선을 할 것입니다. 똑같은 실수를 반복하지 않는다면 어떠한 실수도 용납됩니다!" 이러한 격려가 행동으로 옮겨지고, 하나의 사내 문화로 자리 잡으면 그 기업의 순항은 의심의 여지가 없다.

008
시대의 도전을 헤쳐 나갈 관리자의 조건

"미래의 시장에서 부족한 자원은 자본이 아니라 우수한 인재이다." 이 말은 미국의 저명한 경영학자 스콧 패리 박사가 베이징 강연에서 한 첫마디이다. '글로벌화와 혁신의 시기를 맞은 기업 문화'라는 제목의 이 연설에서 패리 박사는 세계의 기업들이 공통적으로 직면하고 있는 문제에 대해 언급했다. 바로 어떻게 조직 관리와 지도력을 강화하여 새로운 세기의 도전을 이겨 낼 것인가 하는 문제이다.

경영자와 리더는 회사의 좌뇌와 우뇌

수직적인 조직에서 수평형 시스템으로 구조가 변화하는 대세 속에서 조직은 관리보다는 이끌고 나갈 수 있는 리더를 필요로 하고 있다. 리더와 경영자의 역할과 위치는 다르지만 양자는 조직의 운용에 모두 중요한 존재들이다. 일반적으로 경영자는 사고를 많이 하고 행동 지향적인 스타일로 좌뇌가 더 발달되었다. 이에 비해 리더는 타인의 느낌과 요구에 매우 민감한, 우뇌 발달형의 인간이다.

경영자는 안정을 원하지만 리더는 변화와 자극을 선호하므로 물과 불처럼 어울리기가 힘들다. 하지만 기업주는 두 타입을 결합한 장점을 갖춰야 경영을 잘할 수 있다. 많은 기업의 경우를 보면, 리더는 둘인데 경영자가 없어서 위기를 겪곤 했다. 미국의 애플사가 창립 초기에 직면했던 위기가 대표적이다. 동시에 두 명의 강한 경영자가 있었지만 리더가 없었던 대표적인 사례는 포드 자동차회사이다.

패리 박사는 기업이 규모가 커지면 경영자와 리더가 모두 있는지 자문해 봐야 한다고 충고했다.

아시아와 서구의 경영 스타일

세계 각국 7만여 명의 경영자들을 연구한 패리 박사는 동서양의 차이는 능력이 아니라 스타일에 있다는 결론을 얻었다. 경영 스타일을 '부모형'과 '성인형'에 따라 분류하면 서구의 선진국들은 관리,

권리 이양, 팀워크 등에 중점을 둔 성인형 경영을 많이 채택한다.

아시아에서는 오랜 기간 동안 부모형의 경영이 주류를 이뤘다. 책임자는 부모의 역할을 하면서 사원들에게 충성심, 책임감, 순종을 기대하고 자녀의 역할에 충실할 것을 요구한 것이다. 이는 아시아 문화의 특색으로서 사회와 가정이 개인보다 중요하고, 회사도 개개의 직원들보다 중요하게 인식되었다.

유능한 직원이 탁월한 경영자가 되지는 않는다

많은 기업이 뛰어난 전공 실력을 가진 인재들을 선발하지만, 막상 업무에서는 기대에 못 미치는 결과에 실망한다고 지적했다. 특히 기업의 최고위층들이 높은 학력을 가지고 있고, 실제로 촉망 받는 직원이었지만 직위가 올라갈수록 무능력하다는 평가를 받고 있다.

객관적으로 보았을 때 일반 직원의 업무 능력과 경영 능력은 별개이지만, 대부분의 기업들은 관리직 간부를 발탁할 때 전문성과 그동안의 성과만을 참고로 한다. 패리 박사는 더욱 객관적이고 과학적으로 관리 능력을 평가해야 한다고 강조했다.

미국 기업에서 실시하는 능력 평가가 지니는 가장 큰 가치는 분석을 통해 경영진의 장점과 단점을 상세히 밝힌다는 사실이다. 그리고 이들 경영진은 직원들과 허심탄회하게 자신의 장단점을 이야기함으로써 직원들을 공동 발전을 위한 파트너로 만든다.

009
마지막 승리자는 누구인가

아프리카의 어느 늪지대가 오랜 가뭄 때문에 메말라 가고 있었다. 이 늪에서 살고 있던 악어들은 생존이 힘들어지자 동족을 잡아먹기 시작했다. 적자생존, 약육강식이란 비정한 자연의 법칙이 생생하게 연출되었던 것이다.

이 무렵 덩치는 작지만 용감한 악어 한 마리가 늪을 떠나 새로운 곳으로 가려고 결심했다. 타들어가는 가뭄이 계속되자 늪의 물은 거의 다 말랐고, 힘센 악어가 약한 놈들을 거의 다 잡아먹어 남은 악어들도 죽을 날만 기다리고 있었다. 그런데 늪을 떠나 다른 곳으로 가는 악어는 한 마리도 없었다. 낯선 곳으로 가는 것보다는 지금 살고 있는 늪이 그래도 안전하다고 여겼기 때문이다.

늪이 완전히 육지처럼 되었을 때, 이 늪에 살았던 악어 떼 가운데 여전히 살아 있는 놈은 바로 늪을 떠났던 작은 악어뿐이었다. 며칠 동안 이곳저곳을 돌아다니던 이 악어는 새로운 호수를 찾았던 것이다. 자연에 적응하는 생물체만이 살아남는다고 하지만, 강자만이 생존하는 것은 아니다. 떠날 때를 알았기 때문에 잡아먹힐 운명에 처했던 약한 악어는 살아남은 것이다. 생각을 바꾸면 운명이 바뀌어 적자생존의 주인공이 될 수 있다는 사실을 이 악어는 증명한 것이다.

어느 회사에 근무하던 유능한 여성이 한 상사로부터 심하게 견제를 받아 운신이 어려워지자 사표를 던졌다. 그녀는 창업을 단행했고, 몇 년 후 상당한 규모의 기업을 소유한 경영자가 되었다. 수입은 샐러리맨 시절의 수십 배로 늘었다. 그런데 그녀를 괴롭혔던 상사는 회사가 도산하는 바람에 실업자가 되었다. 그는 어쩌면 성공한 이 여자 후배로부터 감사의 인사를 받아야 할지도 모른다. 그녀에게 다른 곳에서 꿈을 찾을 기회를 제공한 당사자니까.

인생은 이렇다. 강자가 반드시 결승전에서 우승 트로피를 거머쥐지는 않는다. 그보다는 적절한 시기에 자신을 변화시키고 새로운 국면을 맞이하는 사람이야말로 환경에 더 잘 적응하여 끝까지 생존한다. 중요한 사실은 꿈을 잃지 말고 한 곳에서 자아실현이 어려우면 재빨리 다른 곳을 찾아야 한다는 것이다. 현재 자신이 발을 붙이고 있는 곳에만 집착하지 않고 낯선 다른 곳에서라도 꿈을 찾는다면 당신은 더 넓은 세상을 자신의 몫으로 만들 수 있다.

CEO가 싫어하는 직장인 유형 13

기업에서 기피하는 직원들을 열세 가지 타입으로 나눠 동물이나 물건에 비유했다. 당신은 어떤 유형에 속한다고 생각하는가?

1 | 창의력 없는 앵무새
기계적으로 해낼 수 있는 일만 하고 다른 사람을 모방하기에 바쁘다. 노력하지 않는 것은 기본이고, 일을 많이 하면 잘못도 많이 하므로 가늘게 오래 가자는 신념(?)으로 산다.

2 | 독불장군식의 광야의 늑대
단결 정신이 전무하여 주위 사람들과 일을 나눠 하지도 않고, 남을 의식하지도 않으면서 자기 일에만 열중한다. 무리를 떠나 혼자만의 고독을 즐기는 유형.

3 | 적응력이 없는 공룡
직장 환경과 시장 변화를 파악하여 적응하는 능력이 현저히 떨어진다. 어찌할 바를 모르고 상사의 지시만을 기다린다. 자리가 바뀌거나 새로운 일을 맡게 되면 절절맨다.

4 | 돈 개념 없는 흐르는 물
비용에 대한 의식이 희박해서 접대비나 교통비 등을 무제한으로 청구한다. 회사 돈은 물처럼 써도 되는 줄 착각하고 있다. 생산성이 왜 중요한지 교육이 필요한 유형이다.

5 | 소통 불능의 조개
문제가 생겼을 때 소통이 되지 않고, 수줍은 성격이어서 조개처럼 입을 꽉 다물고 있다. 사태가 악화되어도 수수방관한다.

6 | 자료 수집에 젬병인 백지
외부 정보에 민감하지 않고 자료 수집, 사고, 판단, 분석 등이 필요한 일에 젬병이다. '지피지기 백전백승'의 진리 따위에는 눈을 질끈 감고 있다.

7 | 내 멋대로 사는 해적
지각과 조퇴를 예사로 하고 시간관념이 없다. 복장이 불량하고 말에 가시가 있는 것은 물론이고 타인을 존중할 줄 모른다. 산만한 근무 태도에 황소고집, 기본적으로 타인의 존재를 무시하며 산다.

8 | 질투에 불타는 외로운 원숭이
질투심이 유독 강하고, 다른 사람들의 성공이나 단점에 대해 뒷말이 많다. 동료의 장점을 배우려는 자세가 안 되어 있으므로 어려운 일을 당했을 때 도와주는 사람이 하나도 없다.

9 | 성장이 멈춘 무지한 어린애
주위의 도움이 없으면 아무 일도 하지 못하고 생활력도 없다. 일일이 가르치고 지시해야 겨우 임무를 수행한다. 사회 문제나 세상 돌아가는 모습에 관심이 없다. 전문 지식을 익히려 하지 않고, 독서나 사교 활동 따위에 스스로를 고립시키는 자폐형 인간이다.

10 | 건강에 무심한 유령
하루 종일 일만 하고 취미도 전무하다. 항상 고뇌에 쌓여 살기 때문에 일의 능률도 별로 높지 않다. 스트레스를 많이 느끼기 때문에 주위 사람들까지도 괴롭게 만든다.

11 | 지나치게 신중하고 부정적인 암석
적극적으로 일을 찾아 하지 않으므로 좀처럼 기회를 잡지 못한다. 일을 시작하기도 전에 결과를 비관적으로 예상한다. 만사가 귀찮으므로 관심을 가지는 일이나 사람이 없다.

12 | 흔들리는 박쥐
주관 없이 항상 다른 사람들의 의견에만 귀가 솔깃하다. 회사 내에서 분쟁이 생기면 유리한 쪽에 줄을 선다. 불리한 입장이 되면 안면 몰수하고 과거의 적에게 들러붙는다.

13 | 자기 발전에 무심한 가축
자기 발전이나 한계에 도전하려는 의식이 전혀 없다. 그럭저럭 시간 때우다 월급만 챙기면 된다는 나태한 정신의 소유자. 받기만 할 뿐 주는 데에는 매우 인색하다.

조직은 인간이다

　　진시황릉의 병마용갱兵馬俑坑 박물관에서 최고의 작품으로 꼽히는 것은 무릎을 꿇고 활을 쏘는 용사의 조각상이다. 이 병마용은 왼쪽 다리를 꿇고 있고, 오른쪽 무릎은 땅에 닿아 있다. 상반신은 왼쪽으로 약간 기울었는데, 형형한 눈빛은 왼쪽 전방을 응시하고 있다. 두 손은 오른쪽에서 화살을 당기고 있다.

　지금까지 출토된 병마용들은 대부분이 약간씩 훼손되었기 때문에 인공적인 복원이 필요하다. 하지만 이 병마용은 완벽하게 보존되었으므로 전혀 손을 보지 않았다. 옷의 문양이나 머리카락의 결까지도 생생하게 관찰할 수 있을 정도이다.

　전문가들은 무릎을 꿇은 병마용이 원래의 모습을 완벽하게 지켜온 이유가 낮은 자세 덕분이라고 분석했다. 이 병마용의 높이는 1.2미터로, 기립하고 있는 병마용들이 1.8~1.97미터에 이르는 것에 비하면 상당히 낮다. 지하에 건설된 병마용갱은 천장이 무너지면 건장한 병마용들이 머리로 받치기 때문에 낮은 자세의 병마용은 덜 손상된다.

그다음으로, 꿇은 자세의 병마용은 오른쪽 무릎과 두 발이 삼각형을 이루면서 몸을 지탱하고, 그 중심이 아래에 있기 때문에 상당히 안정적이다. 두 발로 서 있는 병마용들에 비해 넘어지거나 깨질 확률이 아주 낮은 것이다.

무릎 꿇은 궁사 병마용의 모습은 우리의 삶에 시사하는 바가 적지 않다. 특히 직장 생활을 처음 시작하는 젊은이들에게 그러하다. 이들은 넘치는 혈기와 부족한 경험으로 인해 도처에서 벽에 부딪친다. 그러나 세상에 대한 이해가 깊어지면 점차 분별력이 생기고, 불필요한 분쟁과 의외의 부상을 피해 가는 법을 익히게 된다.

적당함의 미덕을 배워 자세를 낮추는 것은 나약함과 위축이 아니다. 그보다는 현명한 처세의 도리이자, 인생의 지혜와 한계성에 대한 깨달음이다.

연장자가 당신을 아들이나 딸처럼, 동료들이 형제나 자매처럼 여긴다면,
틀림없이 사회 생활에서 순항할 수 있다.

001
직장 초년생이 갖춰야 할 마음 자세

낯선 환경에 처음으로 발을 들이면 불안감을 떨치기 힘들다. 특히
사회에 갓 발을 내디딘 직장 초년생들은 냉랭한 분위기와 익숙하지 않
은 일들로 인해 '도마 위에 올라간 생선'과 같은 두려움을 느끼게 된
다. 하지만 얼마 지나지 않아 떨리는 가슴은 어느 정도 진정된다. 몇몇
사람은 확실히 자신에게 우호적이라는 사실을 눈치 채기 때문이다.

만약 직장 초년생인 당신이 호감을 보이는 친구들과 어울리다 보
면 어느 날 홀연 자신이 '그 파벌'의 일원으로 취급당하고 있음을 알
게 된다. 특히 '그 파벌'이 많은 사람들 눈에 미운털이 박힌 존재라면
잘 모르는 동료들도 당신에게 곱지 않은 시선을 보낼 것이다. 당신은

기분이 좋지는 않지만 '그룹'의 기대에 부응해야 한다는 의무감을 느끼게 될 것이다. 그렇게 하지 않으면 배신이라는 생각이 들기 때문이다. 또한 사무실에서 공개적으로 혹은 암암리에 의견이 충돌할 때 당신은 '그들'이 지지를 해달라고 보내는 은근한 눈빛에 흔들려 마음에도 없는 선택을 하게 된다.

얼마 후 당신은 '우정'과 '배반' 사이에서 방황하면서 주체적인 판단력을 잃고 있음에 씁쓸해질 것이다. 이렇듯 원칙 없이 눈치를 보며 지내다 보면 자신만의 공간이 점점 좁아지고, 인간관계도 갈수록 복잡해지고 있음을 깨닫게 된다. 때로는 정상적인 업무와 개인의 발전이 인간관계로 인해 방해받고 있다는 사실도 발견하게 된다. 사회 초년생으로서의 건전한(?) 의욕이 엉망진창으로 흐트러지는 이유는 직장에서 우의를 쌓겠다는 조바심 탓에 인간관계의 함정인 '끼리끼리'에 말린 것이다. 그로 인해 당신은 평상심을 잃어버리고 우왕좌왕할 수밖에 없다.

만일 당신이 평상심을 유지하고 있다면 함정과 올가미는 항상 원의 형태라는 사실을 발견할 것이다. '서클'도 마찬가지이다. '서클'은 어떤 조직이나 집단의 이익이 외부와 갈등을 빚을 때 만들어진다. 하지만 경쟁과 협력의 관계인 동료와는 영원한 친구는 될 수 있어도 영원한 적으로 지낼 수는 없다. 일단 다른 사람들이 당신과 친구들이 이른바 '서클'을 형성하고 있다는 편견을 가지면, 그들에게 당신은 적으로 남을 수밖에 없다.

다른 사람들이 볼 때 당신들은 '떼거리'로 비쳐진다. 이해관계가 얽힐 때 당신들은 한 참호에 모여서 싸우고 있기 때문이다. 이런 시각을 잘못되었다고 비난할 수만은 없다. 일에 감정을 개입하는 것은 현명하지 못한 행위지만, 사소한 감정이라도 섞이지 않았다고 증명할 도리가 없기 때문이다.

자신의 '그룹' 성원들끼리 나누는 정을 남들이 우의라고 믿어 주길 기대하면 안 된다. 우의는 대가를 바라지 않는 감정이지만, 그룹의 구성원들은 이해관계에서 자유롭지 못하기 때문이다. 이해관계로 인해 가까워진 사이가 아니더라도, 일단 이해가 엇갈리면 그룹 내의 사람들끼리도 시험을 당하게 된다. 이런 상황이 되면 군자의 관계는 물처럼 담담하다는 말 앞에 부끄러울 수밖에 없다.

일상생활이나 직장에서 함정에 빠지지 않기란 그리 어렵지 않다. 그 관건은 좋고 싫음을 따지지 말고, 친소의 차이가 없이 동료들과 한결같은 사이를 유지하는 것이다. 또한 접촉이 많은 동료들과도 화목하게 지내되 지나치게 친밀한 관계는 삼가는 것이 좋다. 그렇게 함으로써 동료들에게 좋은 인상을 줄 수 있고, 업무에서도 도움을 받을 수 있다.

그다음으로 직장 생활에서 불리한 위치로 전락하지 않기 위한 중요한 원칙 중의 하나는 조용한 관찰자가 되는 것이다. 동료들을 자세히 관찰하되 질문은 삼가고, 업무 이외의 다양한 역학 관계를 파악해야 한다. 조직에는 생리적으로 이해를 달리하는 파벌들이 존재하는데, 이들의 합종연횡(?)을 이해해야 하지만 어느 한 편에 서는 것은 '자살' 행위나 다름없다.

몇몇 사람들로부터 동료에 대한 험담이나 스캔들에 대해 듣는다면 경계를 할 필요가 있다. 왜냐하면 이야기를 전하는 사람이 당신을 자기편이라 여기고 있다는 증거이기 때문이다. 그러므로 당신이 들은 이야기를 다른 동료에게 전한다면 80% 정도는 어느 '계파'에 속하는 것으로 보일 것이다. 스스로는 그렇게 생각하지 않아도 최소한 다른 사람들 눈에는 그렇게 보인다는 것이다.

자신이 파벌에 속했는지를 판단하는 두 가지 기준이 있다.

우선 어느 파벌 사람들과 있을 때에 더 편안하다는 느낌을 받고, 다른 편 사람들과 일을 할 때 부자연스럽거나 껄끄럽다는 기분이 든다.

둘째로는 다른 편 사람에게 호감을 느낄 때 스스로가 '매국노'가 된 것 같은 기분이 든다는 것이다.

만약 두 가지 기준에 해당된다면 몸조심을 할 필요가 있다. 동료들과 어울릴 때, 특히 '다른 파벌' 사람들과는 화기애애한 분위기를 유지해야 한다. 그리고 되도록이면 전체 모임에는 적극적으로 참여하되 소규모의 모임(을 빙자한 파벌 미팅은 특히 조심해야 한다)은 피해서 친화력을 키워야 한다. 무엇보다도 '계파'적 색채가 강한 모임에 가담했다는 생각이 들면 빨리 빠져나오는 것이 좋다.

결론적으로 말해서 '파벌'은 사회 초년생이 가장 경계해야 할 대상이다. '사회적 사춘기'에 해당하는 사회생활의 신입생이 파벌이라는 함정에 걸려들면 복잡한 인간관계로 많은 지장을 받기 때문이다.

한편 학생에서 사회인으로 신분이 바뀐 뒤에는 그에 맞는 마음 자세를 갖춰야 한다. 익숙하지 않은 동료들 간의 상투적이고 의례적인 태도는 사회적 관계의 에티켓으로 받아들이는 것이 좋다. 이 밖에도 처음부터 사회에서 사귄 사람들과 의기투합하려는 생각은 비현실적이다. 사람들은 서로를 이해하는 과정을 거쳐야만 하기 때문이다. 인간관계의 어려움을 느끼다 어떤 '서클'에 들어갔다고 해서 돌파구를 찾았다고 착각하면 곤란하다. 그것은 돌파구가 아니라 함정일 가능성이 농후하기 때문이다.

직장에서의 인간관계는 다층적이다. 때로는 치열한 경쟁이 벌어지고 이해관계가 첨예하게 부딪친다. 되도록 대범하게 균형을 유지하면 일과 대인관계에서 여유를 가질 수 있다. 그러기 위해서는 다음과 같은 화제는 절대로 꺼내지 말아야 한다.

×××는 문제를 왜 그렇게 해결하려 하지?

그 사람들은 같이 무엇을 하는 겁니까?

모 부장은 ○○○를 편애하는 것 같아요.

나랑 친구들은 이런 일을 당하면 이렇게 처리하는데…….

너랑 그 사람들은 사이가 좋지 않은 것 같아.

나는 모 씨와 일할 때가 훨씬 편해.

이 일은 나랑 △△△에게 맡기면 잘할 수 있는데.

여기는 인간관계가 왜 이렇게 복잡하죠?

002
사무실에서 해야 할 것, 하지 말아야 할 것

사무실 내에서의 인간관계는 복잡하기 그지없다. 하지만 평상심
으로 대처하는 것 이외에도 몇 가지 요령을 알면 편리하다.

'나'를 입에 달고 살지 않는다

'나'를 항상 먼저 내세우는 사람을 보면 상대는 자신의 존재와 입
장이 홀대받는다는 느낌에 기분이 좋지 않다. 그러므로 상대의 이야
기를 주의 깊게 듣고, 대화를 주도하도록 양보해서 심리적인 거리감
을 좁히는 것이 좋다.

개인적인 전화는 최소한으로 줄인다

근무 시간에 사적인 전화를 받지 않는 사람은 없다. 이 자체는 별
로 문제가 아니지만, 통화의 내용과 시간에는 신경을 써야 한다. 일

에 집중을 해야 할 때 통화 상대가 길게 이야기를 늘어놓으면 단호하게 나중에 전화를 하라고 말해야 한다. 직위의 고하를 막론하고 사무실에서 개인적인 전화를 무한정 하는 행동은 용납될 수 없다.

과장스런 말버릇을 고친다

인간은 감성을 가지고 있으므로 사소한 일도 굉장한 것처럼 묘사할 수 있다. 하지만 언어구사력이 뛰어난 것과 사실을 과장하는 화법은 별개이다. 사실을 정확하게 전해야 듣는 사람은 신뢰를 하게 된다. 더욱이 허풍이 심한 사람은 개인적인 매력을 상실하게 된다.

남의 프라이버시를 폭로하지 않는다

사무실에서는 별 생각 없이 이야기를 하다 다른 사람의 금기 사항을 건드리기 쉽다. 사람들 사이의 믿음은 쉽게 생기지 않지만 무너지기는 쉽다. 그리고 일단 믿음이 사라진 다음에 다시 신뢰를 쌓기란 더욱 어렵다. 동료의 프라이버시를 이야기했다가는 믿음이 그대로 사라진다. 사생활에 관한 비밀은 영원히 배 속으로 삼켜 버려야 한다.

생각 없는 웃음은 곤란

직장 생활을 하면서 매일 먹구름 낀 얼굴을 하고 있다면 큰 문제가 아닐 수 없다. 쉬는 시간이나 모임에서 웃음을 잃지 않으면 분위기를 밝고 가볍게 만들고, 동료들과도 가까워질 수 있다. 회의를 할 때 의견들이 엇갈려도 웃음을 유발하면 긴장이 풀린다. 웃음은 부탁을 거절하거나 선의의 비판을 해야 할 때도 유용하다. 그러나 지나친 농담으로 웃기려 하다가는 역풍을 불러일으킨다. 그 자리에 있는 사람을 농담의 소재로 삼는 짓은 절대로 하지 말아야 한다. 농담의 내용도 모든 사람들이 받아들일 수 있는지 생각해 봐야 한다. 껄끄러운 농담은 불쾌함과 썰렁함만 남기게 된다는 사실을 잊지 말아야 한다.

사무실은 '심리 상담실'이 아니다

여자들은 상대가 듣고 싶은지의 여부를 상관하지 않고 자신의 감정을 털어놓는 수다를 즐기는 버릇이 있다. 그래서 말한 사람은 마음이 편해질지 모르지만, 듣는 사람이 심란해지는 경우도 적지 않다. 사무실에서 말하면 안 되는 화제들은 누구나 알고 있다. 하지만 친한 사이가 되면 숙고하지 않고 그대로 말을 뱉어 버리는 사람들이 있다. 직장 동료들과 친근하게 지내는 것은 자유이지만, 업무가 최우선이 되어야 한다. 사무실은 감정이나 기분을 그대로 털어놓는 심리 상담실이나 정신과가 아니다.

자신 없는 일은 약속하지 않는다

'성실함은 자신이 한 약속을 실천하는 것이고, 지혜는 쉽게 약속을 하지 않는 것'이라는 말은 부탁이나 약속을 해야 할 때 되새겨 볼 만하다. 실행하기 어려워 보이는 일에 대해서는 응낙을 하지 말아야 한다. 인정을 받는 최상의 방법은 약속한 것보다 더 많은 것을 상대에게 주는 것이라는 사실을 항상 기억하도록 하자.

지나치게 계산하지 않는다

커피 자판기에서 자기 것을 뽑고 옆의 동료에게도 한 잔 권하자. 회의가 끝나고 의자를 정리하는 것도 괜찮다. 동료가 야근을 할 때는 최소한 "내가 좀 도와줄까?"라고 물어보라. 작은 선행 같지만 이런 태도는 사람들에게 아주 좋은 인상을 남기게 된다. 적극적으로 일을 찾아하고, 너무 계산적으로 따지지 않도록 스스로에게 다짐을 하라.

책임을 회피하지 않는다

혼자서 저지른 실수가 아니더라도 핑계를 대면서 책임을 미루지 마라. 억울한 심정이 들더라도 책임을 지고, 앞으로 더 잘하겠다는 다짐을 보이면 상사는 당신을 용기 있는 부하로 아끼게 된다. 동료들도 당신을 더욱 신뢰하게 될 것이다.

너그러운 마음으로 껴안는다

동료가 실수했을 때 비웃지 말고 최대한 도와주라. 자신도 실수할

날이 분명히 있다는 사실을 명심하고, 도움이 필요한 사람에게 인색하지 마라. 비판을 받을 때는 겸허하게 받아들이는 것이 좋다. 가지치기를 한 나무가 거목이 된다.

칭찬과 감사는 넘침이 없다

거침없이 비판하면서 자신의 생각을 주장하면 몹시 까다로운 사람이거나 회사에 불만이 많다는 인상을 주게 된다. 칭찬과 감사를 아는 사람이 되도록 노력해야 한다. 칭찬은 아부가 아닌, 일종의 예술이다. 칭찬은 어디까지나 사실을 바탕으로 진심에서 우러나서 하는 말이다. 진정한 칭찬과 감사를 표현하는 사람은 주변 사람들의 인정과 도움을 부르게 마련이다.

003
인심을 얻는 방법

그리스 신화의 영웅인 헤라클레스가 어느 날 산길을 가다 발에 걸리는 물건을 발견했다. 주머니처럼 보이는 물건은 발로 걷어차자 더 커졌다. 계속 발길질을 하자 주머니는 더욱 커졌고, 화가 난 헤라클레스는 막대기로 내리치려 했다. 그런데 주머니는 더욱 부풀어서 길을 막을 정도가 되었다.

이때 산 속에서 한 성자가 나타나 헤라클레스에게 타일렀다.

"이보게, 그것을 건드리지 말고 그냥 지나가게. 그것은 미움이라는 보따리여서 그냥 두면 원래의 크기로 돌아가네. 그대가 건드렸기 때문에 미움은 끝까지 싸우려고 그렇게 커진 것이네."

사람들과 어울리다 보면 필연적으로 갈등과 오해가 생긴다. 하지만 미움의 보따리가 있다는 사실 자체를 잊어버리면 점차 작아져서 아무런 지장을 주지 않게 된다.

주위 사람들의 인심을 얻으면 일을 하는 데 큰 도움이 된다. 조직의 시스템이 아무리 체계적일지라도 인적인 화합이 매우 중요하다. 안정되고 화목한 분위기에서 한 마음으로 일을 할 때 조직은 발전한다. 성공의 관건은 당신이 평상심을 가지고 동료들과 하나가 되어 잘 지내느냐에 달려 있다고 해도 과언이 아니다.

협력과 나눔

되도록이면 많은 사람들과 대화를 나눠 의견을 공유할 때 당신은 지지를 받고, 순조롭게 일을 진행할 수 있다.

미소

얼굴을 맞대는 사람 모두에게 친근한 웃음을 지으면 호감 있는 인물로 각인된다. 연장자가 당신을 아들이나 딸처럼, 젊은 사람들은 형제나 자매처럼 여긴다면 틀림없이 사회생활에서 순항할 수 있다.

세심한 배려

동료가 두통에 시달릴 때 건네주는 진통제 한 알, 티타임에 내놓는 조각 케이크 등은 손쉽게 상대를 감동시킬 수 있다. 세심한 마음으로 상대를 배려하면 결코 고립무원의 처지로 전락하지 않는다.

원칙과 고집을 혼동하지 마라

고슴도치 두 마리가 추위를 견디기 위해 껴안았다. 몸은 따뜻해졌지만 몸의 가시가 서로를 찌르는 바람에 다시 떨어졌다. 그러다 견딜 수 없이 추워지면 다시 껴안았고, 그렇게 반복을 하는 동안 고슴도치들은 상대와 온기를 나누면서도 가시에 찔려 상처를 입지 않을 정도의 거리를 알게 되었다.

고슴도치의 법칙은 인간관계에서 '심리적 거리'를 어떻게 유지해야 하는가를 보여 준다. 서로가 적당히 친밀한 관계를 유지해야 존중과 협력이 가능하고, 일에 관한 원칙이 방해받지 않게 된다.

진심을 가지고 사람을 대하지 않으면 허위의 가면은 어차피 벗겨지게 마련이다. 또한 원칙을 지키면서 수완을 발휘하는 것은 좋지만 타인의 의견도 잘 수렴할 수 있어야 한다. 주관 없이 주어진 일을 그대로 받아들이면 나약하고 무능력한 인간이라는 평가만 받게 된다.

아첨으로 성공하려 하지 마라

상사의 비위만 맞추려는 타산적인 사람은 대중(?)의 원한을 사게 된다. 동료는 안중에도 없고, 부하들에게 가혹하게 구는 것은 자기 손으로 적군을 키우는 셈이다.

엄격함은 정도껏

당신이 엄격하게 구는 목적은 직무를 완수하기 위해서이다. 하지만 다른 사람들 눈에는 각박함의 표현으로만 보일 뿐이다. 평소에 동료들과 인사도 제대로 하지 않고, 회의를 할 때나 업무에 관한 대화가 필요할 때만 접촉을 한다면 인심을 얻을 수 있겠는가?

004
라이벌을 성장 동력으로 삼아라

채제공蔡濟恭, 1720-1799은 조선 정조 때 영의정에까지 오른 관료요, 이름난 시인으로, 호는 번암樊巖이었다. 그런데 이 번암에게는 라이벌이라 할 수 있는 이가 있었으니, 그가 바로 김종수金鍾秀, 1728-1799이다. 그는 좌의정을 지낸 인물로 호는 몽촌夢村이었다.

당시 번암과 몽촌이 속한 정치 세력의 반목은 대단했다. 번암은 사도세자의 죽음을 동정하는 '시파時派'의 우두머리 격이었으며, 몽촌은 사도세자를 공격하는 '벽파僻派'의 우두머리 격이었다. 하지만 정치적인 라이벌이 반드시 인격적인 면에서도 원수가 된다고는 말할 수 없다. 번암과 몽촌은 정적이면서 성격 면에서도 상반되는 점이 많았으나 서로 상대방의 장점은 알고 존경한 것으로 알려졌다.

나이는 번암이 몽촌보다 7, 8세 위였으나 죽은 연대는 둘이 꼭 같다. 역사적인 기술에는 두 사람의 관계에 대해 자세히 전하지 않으나 야담이나 야사로 전승되는 이야기에 이런 내용이 있다.

체제공의 아들이 외출했다 돌아와 몽촌의 신상을 전했다. "아버님, 몽촌이 감기로 누워 있다고 합니다." 그러자 번암은 "그 사람 감기 정도로 죽을 사람은 아니야." 하며 정적의 강인한 성격에 대한 믿음을 나타냈다. 그런데 며칠 후 몽촌은 감기를 앓다가 죽고 말았다. 이 소식을 들은 번암은 "허허, 그 사람이 그렇게 죽을 사람이 아닌데…." 하고 허탈해했다. 그리고 그도 곧 시름시름 앓더니 병석에 눕고 말았다.

전하는 얘기로 번암은 "몽촌이 살아 있는 동안 나는 안 죽는다."고 장담하였는데, 라이벌이 감기 정도의 병으로 죽었다는 소식을 듣고는 자신도 와병하여 곧 죽었다는 것이다. 몽촌의 건강과 신변을 그 누구보다 걱정한 사람은 바로 번암이었던 것이다.

"그놈이 살아 있는 한, 나도 살아 있어야지." 이것을 한갓 오기로 생각할 수도 있지만, 그와 같은 오기가 때론 삶에 대한, 일에 대한 열정을 더욱 뜨겁게 만드는 힘이 되는 것이다. 그리고 한 사람의 성장에 중요한 밑거름이 된다.

대부분의 사람들은 결정적인 실수를 한다. 자신의 라이벌이나 적을 저주하거나, 강력한 라이벌이 없다는 사실을 행운으로 생각하는 것, 적수를 만났을 때 넋이 나가는 것 등이 바로 그러하다. 사실 우리는 라이벌을 만났다는 사실을 기뻐해야 한다. 라이벌은 당신이 두각을 나타낼 수 있는 기회를 선사하기 때문이다. 우리는 적이나 라이벌에게 감사해야 한다.

당신보다 젊고, 실력, 학벌, 업무 능력 등이 더 뛰어난 새 동료가 나타나 상사의 주목을 받을 때 어떻게 반응하겠는가?

경쟁의 상처를 두려워 마라

갈수록 경쟁이 백열화되는 현대사회에서 적자생존의 법칙을 피할 수는 없다. 회피는 단지 눈 가리고 아웅 하는 격이고, 상대를 부정한 방법으로 제압하는 것도 결국에는 자해 행위에 불과하다.

능력 면에서 위협적인 동료가 나타났을 때 당신은 자신의 위치가 도전을 받는다는 위기감을 느낀다. 조금만 생각해 보면 도전으로 인한 스트레스는 업무 능력의 차이에서 비롯되었다는 사실을 알 수 있다. 차이가 클수록 스트레스는 급증한다. 그러므로 이 위급한 문제를 해결하기 위해서는 실력을 향상시켜야만 한다. 환경이 양호하면 우

우리는 단기간에 실력을 높일 수 있다. 학력과 실제 능력이 비례하는 것이 아니다. 그것은 단지 한 사람의 학습 경력일 뿐이다. 공정한 경쟁이 가능한 직장에서 개인의 능력을 평가하는 중요한 기준은 업무 성과이다.

경쟁은 기본적으로 패자를 낳는다. 신입자의 자질이나 능력이 자신보다 뛰어나다고 판단되면 상처를 입는다. 하지만 이런 사실을 의연하게 받아들여야 한다. 그런 다음에 부족한 자신을 시인하고, 경쟁 상대를 용납하면서 자신의 능력에 맞는 위치를 찾아야 한다.

질주하며 협력하라

"늑대가 나타났다!"고 외치는 것은 경쟁 상대를 만났을 때 맨 처음 느끼는 경계심의 표현으로, 누구도 예외는 아니다. 강력한 라이벌에 대해 본능적으로 저항감을 가지면서 취하는 행동은 두 가지이다. 첫 번째는 소극적으로 협력을 거부하는 것이다. 두 번째는 상대가 추월하지 못하도록 질주를 하면서 협력을 해야 할 때는 손을 잡는 태도이다. 상승의 기회는 '질주' 할 때 얻어지는 것이다.

대범하게 행동하고 자신을 믿어라

실력 있는 라이벌을 만났을 때 어떻게 대하는가는 그 사람의 인격과 직접적인 관계가 있다. 속이 좁은 사람은 질투의 감정을 여과 없이 표현한다. 언어적인 공격은 말할 것도 없고, 행동으로도 상대를 견제하느라 여념이 없다. 하지만 결과는 대단히 실망적일 수밖에 없다. 동료들로부터 백안시당하는 것은 물론이고, 상사에게도 실망감만 안겨 주게 된다.

라이벌에 대해서는 대범하게, 자신감을 갖고 대하는 것이 이상적이다. 그러기 위해서는 냉정하게 사태(?)를 관망하면서 마음의 안정을 잃지 않는 것이 무엇보다도 중요하다. 상대가 능력이 뛰어나다 하더라도 업무에서 반드시 뛰어난 성과를 낸다는 보장은 없으므로 자신의 실력에 대해 자신감을 확인한 뒤 한층 분발하는 것이야말로 최고의 전략이다.

005
적을 친구로 만들어라

한 젊은이가 외나무다리를 건너가게 되었다. 몇 걸음 가지 않아 임신부가 맞은편에서 건너오자 그는 예의 바르게 뒤로 물러나 원래의 위치로 돌아갔다. 임신부가 다리를 건너자 젊은이는 다시 다리에 올랐는데, 중간쯤 갔을 때 나무꾼을 만났다. 청년은 다시 양보를 했다.

세 번째로 다리를 건널 때는 아무도 없는지 확인했다. 그런데 다리를 거의 다 건넜을 쯤에 갑자기 바쁘게 짐을 지고 오는 농부와 마주쳤다. 젊은이는 공손하게 농부에게 말했다. "저는 조금만 가면 다리를 다 건너니 양보를 해주시면 좋겠습니다." 농부는 들은 척도 하지 않으면서 "젊은이는 내가 바쁘게 장에 가는 것이 보이지 않나?"라며 목청을 높였다. 두 사람이 옥신각신 하는데 다리 밑의 강으로 작은 배가 지나는 것이 눈에 들어왔다. 두 사람은 배를 젓고 있는 스님에게 사정을 말하고 시비를 가려 달라고 청했다.

스님이 농부에게 먼저 물었다. "당신은 정말로 급하게 장에 가야 합니까?" 농부가 빨리 가지 않으면 장을 놓친다고 하자 스님이 조용히 타일렀다. "그렇게 급히 가야 한다면 왜 빨리 젊은이에게 먼저 건너라고 하지 않았습니까? 몇 걸음만 뒤로 물러서면 당신과 젊은이 모두 다리를 건널 수 있는데요." 농부는 유구무언이 되었다.

스님이 청년에게 웃음 띤 얼굴로 물었다. "자네는 왜 이 양반에게 길을 양보하지 않았지?" 젊은이는 억울한 기분에 "벌써 몇 번이나 그랬는데 또 양보를 하면 다리를 못 건널 것입니다."라고 볼 부은 소리를 했다.

"지금 거의 다 다리를 건너지 않았는가? 또 한 번 양보한다고 해서 큰일 날 것 같지는 않은데. 설령 다리를 못 건넌다 하더라도 최소한 자네의 선량한 마음씨는 변함이 없는 것이니 족하지 않은가?" 스님의 말씀에 청년은 얼굴을 붉혔다.

양보는 겸허함과 인내심이 동반되어야 가능하다. 동양에서는 예로부터 적시에, 적당하게 겸양의 미덕을 발휘함으로써 인간관계를 조화롭게 유지할 수 있다고 생각했다. 이야기가 상징하는 바에서 알 수 있듯이, 남에게 길을 양보하는 것은 사실상 자신을 위해 길을 터놓는 행동이다. 하지만 일상생활과 일에 있어 당당하게 따지고 싸워야 할지, 양보를 할 것인지 판단하는 것은 모두에게 어려운 문제이다.

한편 어떤 일을 할 때 과거에 좋지 않은 일로 다퉜던 사람으로부터 협조를 받아야만 한다면 당신은 어떻게 하겠는가? 그냥 포기하는 것은 현명하지 못한 선택이다. 상대가 적처럼 여겨지더라도 친구로 만드는 것이 이상적이다. 다음의 몇 가지 사실을 명심하면 원수 같던 동료도 친구로 만들 수 있다.

먼저 자신의 잘못을 인정하라

자신의 실수를 인정하면 남들이 우습게볼지도 모른다는 생각은 떨쳐 버려야 한다. 정말로 유능한 사람은 자신의 잘못된 점을 앞장서서 인정한다.

입장을 바꿔서, 상대가 사과하는 방식이 마음에 들지 않더라도 기꺼이 받아들이는 것이 좋다. 잘못을 시인하는 사람을 쉽게 받아들이는 것은 기가 약한 사람이기 때문에 항복을 하는 것이 아니다.

껄끄러운 관계에 있는 사람이 말을 할 때는 개인적인 감정을 버리고 중요한 '정보'를 얻는 데 초점을 맞추어야 한다. 그리고 객관적으로 상대의 발언을 분석하도록 노력해야 한다. 무엇보다도 자신이 먼저 잘못을 인정하면 상대는 더 이상 추궁하거나 허물을 거론하기 힘들다는 이점이 있다. '선수 치기'야말로 적수를 침묵하게 만드는 대단히 효과적인, 고전적 수법이다.

상대의 흥미를 존중하라

적수가 당신에게 호감을 가지고, 더 나아가 친구가 될 마음을 갖게 만드는 방법은 간단하다. 먼저 그의 관심사나 취향을 존중하면 된다.

기분 상하는 말에는 침묵을 지켜라

우리는 가끔씩 완전히 기분을 망치는 말을 듣는다. "당신은 자신이 뭐라고 생각하는 거지?" "도대체 어느 고등학교를 나온 거야?" "도대체가 개념이 없다니까!" 등의 말들은 기본적으로 당신의 속을 뒤집어 놓기 위한 고의적인 도발이라 할 수 있다.

하지만 공격적인 언사에 감정적으로 대응하면 안 된다. 그저 못 들은 척하는 것이 상책이다. 맞대꾸를 하지 않으면 상대는 목청을 높일 기회를 잃게 되기 때문이다. 위협적인 말을 무기로 삼는 사람을 좌절시키는 최상의 방어는 '침묵'이다.

'너는 내 파트너'라고 각인시켜라

상대에게 당신은 꼭 필요한 존재라고 말하는 것은 매우 중요하다. 당신에게 그가 정말로 필요한지의 진위는 문제가 되지 않는다. 상대의 자존심을 높여 주어서 기분 좋게 만들면 훗날 발생할지도 모를 원한 관계의 뇌관을 제거하는 셈이다. 당신이 하는 일 중에서 몇 가지는 동료들에게 의견이나 자문을 구하면 좋다. 그러면 동료들이 당신을 벼랑에서 밀어 버리는 일은 생기지 않을 것이다.

006
상사와 잘 지내는 세 가지 비법

직장 생활을 잘 하기 위해서는 동료와 좋은 관계를 유지해야 하는 것은 물론이고, 성격이 다른 상사들과도 마찰을 빚지 말아야 한다. 상사들의 개성이 제각각인 만큼, 부하로서 대하는 자세도 달리해야 한다.

특별한 인간으로 착각하지 마라

상사는 특별히 잘난 것이 아니라 당신과 똑같은 보통 사람이라고 생각해야 한다. 그도 스트레스에 시달리고, 개인적인 일들로 인해 화를 내는 감정적인 동물이다. 아무 이유 없이 화를 내거나 트집을 잡지는 않으므로 이해하려는 마음을 가져야 한다. 상사의 입장을 최대한 고려하면 자연스럽게 인간적이고 부드러운 관계를 유지할 수 있다.

세심하게 관찰하라

상사의 개성, 업무상의 특징, 대인 관계 경향 등을 유심히 관찰해야 한다. 매사에 진지한 상사는 책상을 먼지 하나 없이 정리한다. 지저분한 책상에서 일하는 상사는 게으른 성격임에 틀림없다. 또한 "내가 보기에는……." "나는 이랬음 싶은데……."와 같은 말을 자주 하는 상사는 자신감이 넘치고 실용적인 사람이다. 대수롭지 않은 것 같은 언행을 놓치지 않고 관찰하여 상사의 성격을 이해하고 나면 일하기가 훨씬 수월해진다.

상황에 따른 기민한 대처

보고서를 오늘까지 제출해야 한다면 당신은 언제가 적당하다고 생각하는가?

만약 상사가 일찍 출근했고 피곤한 기색이 역력할 때는 최대한 말을 먼저 건네지 말아야 한다. 상사가 아침형 인간이라면 오전 중에 보고서를 내는 것이 좋다. 오후가 되면 아무래도 일의 능률이 떨어지고, 컨디션도 오전만큼 좋지 않으므로 보고서에 제동이 걸릴 확률이 높기 때문이다.

00**7**

엉터리 상사를 대하는 요령

두통을 유발하는 상사와는 어떻게 지내야 하겠는가?

건망증이 심한 상사

기억력이 유난히 떨어지는 상사는 자신이 한 말을 잊거나, 며칠 뒤에 전혀 딴소리를 해서 부하들을 경기 들게 만든다.

건망중 있는 상사를 대할 때에 적합한 방법이 있다. 그가 어떤 일을 지시하거나 자신의 의견을 말할 때 일부러 이해하지 못하는 척하면서 몇 번이고 물어본다. 그리고 상사와는 다른 주장을 해서 깊은 인상을 심어 주는 것이다. 마지막으로 간결하게 정리해서 요점을 말하면 상사는 웬만해서 자신이 한 말을 잊지 않는다.

어떤 상사는 오전에 자료를 받고도 오후에 받지 않았다며 다시 요구하기도 한다. 이런 상사에게는 다른 사람을 통해서 전달하거나 옆의 사람에게 구체적으로 설명을 해서 중인이 되도록 한다. 만약 상당히 중요한 자료라면 상사에게 사인을 해달라고 한다. 직접 제출할 수 없을 때는 보내기 전과 후에 전화를 해서 상사가 받았다는 사실을 잊지 않게 환기시킨다.

모호한 지시를 하는 상사

일을 지시하면서 구체적으로 어떻게 하라는 지시를 전혀 하지 않는 상사들이 있다. 어느 쪽으로든 해석이 가능하게 모호한 말투로 지시하는 상사도 있다. 앞뒤가 맞지 않는 모순적인 일들을 함께 진행하도록 한 다음 자신의 말뜻을 이해하지 못했다고 호통을 치는 최악의 상사도 있다. 이런 유형의 상사들이 일을 시킬 때는 세세한 부분까지 질문을 하고, 수시로 진척 상황, 소요 비용, 변경 유무 등을 보고하면 된다. 또한 자세하게 기록을 남겨 상사의 결재를 받은 후에 다음 단계의 일에 착수하는 것이 좋다.

이 밖에도 어떻게 일을 처리해야 할지 의견을 물었을 때 명확하게 대답을 하지 않거나 '알아서 하라'고 하는 상사들이 있다. 추후에 불필요한 오해와 논쟁을 피하려면 상사가 분명하게 판단을 내리도록 유도해야 한다. 그런 후에 "……으로 이해를 하면 되겠습니까?"라고 반복해서 확인하여 상사가 번복하거나 부인하지 못하게 해야 한다.

실력 없는 상사

실력 없는 상사란 이해력, 판단력, 전문성을 결여한 유형이다. 자신이 실력이 없다는 사실을 알면서도 과시욕 때문에 엉뚱한 지시를 하거나 부하의 의견을 묵살하는 상사는 두통거리가 아닐 수 없다. 이런 상사와 일을 할 때, 원칙적인 문제에 대해서는 논리적으로 따지거나 당당하게 반대의 뜻을 표해야 한다. 하지만 별로 문제가 되지 않는 일반적인 사안에 대해서는 정면으로 부딪쳐서 감정이 상하지 않도록 순발력 있게 대처하는 것이 좋다.

008
사장을 비판하는 일거삼득의 기술

사장이 잘못을 했을 때는 완곡한 방법으로 비판을 해야만 회사의 발전을 기대할 수 있다.

사장은 이미 자신의 잘못을 알지만 체면을 차리기 위해 인정을 안 하는 것이다. 그런데도 직설적으로 사장의 급소를 건드린다면 자신의 앞날을 포기하겠다는 선언을 하는 것이나 다름없다.

영리한 부하라면 비판적인 발언은 삼가는 대신 사장에게 매일 매일 서류나 보고서를 검토했는지 상기시킨다. 결재를 했는지, 제대로 보고는 받았는지 확인하면 사장은 자발적으로 문건들을 처리한다.

그 결과 업무상 차질이 현저히 줄어들고, 사장의 자존심도 지킬 수 있게 된다. 더 중요한 사실은 사장에게 당신이 유능한 직원으로 인식된다는 것이다. 일거삼득의 효과를 위해서는 당연히 해봄 직한 방법이 아니겠는가?

이해심은 늘리고 비판은 줄여야

사람들은 남의 결점은 잘 들춰내지만 자신의 착오와 실수는 제대로 보지 못한다. 그래서 서로를 원망하고 알력을 빚는다. 비판을 하기 전에는 먼저 상대의 생각과 입장을 이해하려는 노력을 해야 한다. 때로는 상대가 그럴 수밖에 없는, 말하기 힘든 고충이 있을 것이다. 비판 대신 관심을 표현하면 상대는 고마운 마음을 갖게 될 것이다.

칭찬은 공개적으로, 비판은 사석에서

누구나 칭찬받기를 좋아한다. 사람이 많은 자리에서의 칭찬은 체면이 살기 때문에 금상첨화이다. 반대로 비판은 개인적으로 해야 한다. 당하는 사람의 자존심을 살려 주고, 비판하는 사람도 각박하다는 인상을 피할 수 있기 때문이다.

공개적으로는 칭찬을 하고 사석에서 신랄하게 비판을 한다면 이중적이라는 혐의를 받을 수도 있지만, 상대의 체면을 위해 이중적(?)으로 행동하는 사람은 위선자와는 본질적으로 다르다.

어조에 주의하라

같은 메시지라도 표현하는 방법은 사람마다 다르다. 웃는 얼굴에 침 못 뱉는다는 속담처럼, 상대의 귀에 거슬리지 않는 어조로 비판의 의미를 전달하는 것도 능력이다.

No. 8 남을 것이냐, 떠날 것이냐…이직移職의 요건

직업은 반려자와 같아서 일생 동안 정력과 시간을 소모하게 만든다. 일반적으로 사무실에서 동료와 함께 있는 시간이 배우자와 보내는 시간보다 길다고 한다. 그러므로 직업을 선택할 때는 최대한 신중해야 한다. 직장 일이 악몽처럼 지겹다면 다음의 여섯 가지 문제를 체크해 보고 계속 머물러야 할지의 여부를 심사숙고하는 것이 좋다.

① 신입 시절의 '열정'이 남아 있는가?
사표를 쓰기 전에 처음에 왜 이 일을 좋아하게 되었는지 돌이켜 보고, 슬럼프에 빠지게 된 요인을 제거한다.

② 능력을 인정받고 있는가?
외국계 기업의 직원인 A는 자신의 두뇌와 능력이 윗사람에게 인정받지 못한다고 생각했다. 그래서 고민 끝에 언젠가 사장과 얼굴을 맞대게 되면 반드시 자신의 모든 것을 보여 주겠다고 결심했다.
A의 동료인 B도 같은 생각을 하지만, 좀 더 적극적으로 행동하기로 했다. 즉 사장이 퇴근할 때를 기다렸다가 엘리베이터에서 우연히 만난 척하면서 인사를 건네기로 한 것이다.
C는 훨씬 적극적인 사고를 하고 있다. 그는 사장의 신상명세를 파악한 것은 물론이고 취미, 관심사, 대인 관계까지도 조사했다. 그리고 엘리베이터에서 사장이 자신을 면담하지 않을 수 없도록 흥미를 유발하고, 더 나아가 면담 시에 할 말들도 준비했다.
어리석은 사람은 기회를 잃고, 현명한 사람은 기회를 잡고, 성공하는 사람은 기회를 만든다. 기회는 준비된 사람에게만 주어진다.
상사의 인정을 받지 못하고, 뜻대로 풀리지 않는 일들이 쌓이면 분노가 치밀게 된다. 여기서 그치지 않고 어느 날인가 자신도 모르게 상사나 동료들에게 분노를 폭발하면 수습 불가능한 상황으로 치닫게 된다.
자신의 부족한 면을 손바닥처럼 알기는 쉽지 않다. 하지만 옆에서 지켜보는 사람은 확실히 알고 있다. 상사에게 솔직하게 자신의 문제와 느낌을 토론한 뒤 좀 더 나은 방향으로 갈 수 있도록 조언을 해달라고 부탁해 보라. 대화를 통해 상사가 자신을 어떻게 보고 있는지 알고 나면 스스로 해답을 찾을 수도 있다.

③ 스스로 생각해도 전도유망한가?
자신이 계속 승진할 가능성이 있다고 생각하는가? 아니면 앞날이 먹구름 같다는 느낌이 드는가? 직장은 이성 친구를 사귀는 것과 같은 면이 있다. 어느 날 당신은 의미심장한 프러포즈를 받을 수도 있고, 알아서 물러나는 것이 덜 비참할 수도 있다.

④ 일을 통해서 배우고 싶은 것이 있는가?

당신이 희망이 없다고 생각하는 일이나 직장에서 관심을 가지고 배울 수 있는 것은 없다. 정열을 가지고 일하는 가운데 사람은 계속해서 발전할 수 있는 것이다. 당신이 배움을 멈추는 순간 정체의 늪으로 빠질 것을 각오해야 한다.

남들도 당신이 향상되는 모습을 보여 주어야만 인정을 하고 기존의 평가를 바꿔 나가게 된다. 적당한 시기에 전공에 대한 공부를 더 할 기회를 만들어야 한다. 새로운 지식과 환경은 당신을 자극해서 냉혹한 경쟁에서 도태되지 않도록 해준다.

⑤ 일을 통해 즐거움을 얻는가?

지극히 내향적인 사람들은 공개석상에서 입을 여는 것이 지옥처럼 괴롭다. 일에 대한 의욕이 없는 사람들의 스트레스도 그에 못지않다. 만약 지금 하는 일이 즐거움보다 괴로움이 훨씬 크다면 사표를 낼 것인지 진지하게 고민해야 한다.

⑥ 현재의 일에 충실한가?

하고 있는 일에 짜증만 나고, 시선은 채용 공고에 집중되고, 다른 회사의 면접을 보았다면 당신은 현재의 일을 배반(?)하고 있는 것이다. 이 지경에 이르렀다면 현재의 직장에서 잘 지낼 여지는 없다고 봐야 한다.

만약 새로운 직장을 정했다면 사표를 내기 전에 상사에게 지금보다 나은 대우를 해줄 의향이 있는지 은근히 타진해 보는 것이 좋다. 물론 '나 아직 죽지 않았다'는 식의 건방진 태도로 묻는다면 대답은 뻔하다. 헤드 헌터의 제의를 받았지만 아직 결정하지 않았다면서 현직에 미련이 있는 듯한 여운을 남긴다면 상사가 간곡히 만류할 가능성이 크다.

위 문항들을 체크하며 자신의 위치를 재점검하고 더 큰 비전을 갖도록 한다. 자신의 현재 위상이 탐탁지 않다면 다른 기회가 있는지 유심히 관찰하는 것이 좋다. 기회는 가까이서 찾는 것이 훨씬 용이하다. 때로는 횡적인 이동이 진급보다 유리하다. 창업할 생각이 있으면 도전적인 성격의 직무를 선택하는 것도 좋다. 근시안적인 안목으로 좋은 일자리를 찾는 것보다는 기회가 많은 조직에 들어가는 것이 현명한 선택이다.

Chapter

3

사람을 부르는
평상심

고슴도치 두 마리가 추위를 견디기 위해 껴안았다. 몸은 따뜻해졌지만 몸의 가시가 서로를 찌르는 바람에 다시 떨어졌다. 그러다 견딜 수 없이 추워지면 다시 껴안았고, 그렇게 반복하는 동안 고슴도치들은 상대와 온기를 나누면서도 가시에 찔려 상처를 입지 않는 거리를 알게 되었다. 고슴도치의 법칙은 인간관계에서 어떻게 '심리적인 거리'를 유지해야 하는지를 보여 준다.

상대를 높이는 것이 나를 높이는 것

　　책임감은 일뿐만 아니라 자신의 생활과 사회에 대한 책임을 소홀히 하지 않는 마음가짐이다. 사회를 떠나 홀로 살 수 없는 인간은 항상 자신을 둘러싼 환경과 좋은 관계를 맺어야 한다.

　사람들이 매사를 자기중심적으로 생각하고 이기적이고 독단적으로 살면서, 단결 정신이나 사회적 책임감을 결여한다면 사회는 파편화될 것이다. 책임감이 부재할 때 협력이나 공동의 이익과 같은 사회적 가치는 완전히 사라지게 된다.

　동료와의 관계에서도 평상심이 없는 사람은 상대의 능력에 대한 질투로 인해 전형적인(?) 세 가지 행동을 한다. 상대의 앞에서는 아부, 뒤에서는 훼방, 위기에 빠졌을 때 돌 던지기 등이 그러하다. 선수를 쳐서 상대를 짓밟지 않으면 자신이 도태된다고 생각하기 때문에 나오는 행동들이다. 평상심이 없는 편협한 사람들은 자신을 높이는 데에만 혈안이 되고, 친구를 사귈 때에도 돈을 우선하므로 믿음이나 진정성이 전혀 없다. 이런 유형의 사람은 상종할 가치가 없다.

개체로서 존재할 수 없는 인간은 태어나면서부터 도움과 연민, 인간적인 온기 등을 필요로 한다. 우리는 타인이 위기나 고통에 처한 모습을 보면 본능적으로 동정심이 발동된다. 한결같이 행복할 수 없는 삶 속에서 곤경에 처했을 때 선의의 동정이나 도움을 받지 못한다면 우울함, 두려움, 고통, 고독, 당혹감 등에 휩싸일 수밖에 없다.

정의감은 모든 사람이 갖고 있는 것도 아니고, 반드시 행동화되지도 않는다. 이는 도덕적 수양과 문화적 소양, 인생관, 가치관 등에 따라 구체적으로 표현된다. 도덕성이 낮지 않은 사람도 옳지 않은 일에 눈감아 버린다면 정의감은 점차 사라지게 된다. 정의감이 없으면 동정심도 따라서 사라지고, 책임감 역시 느끼지 않게 된다. 따라서 정의감이 없는 사람은 비단 주위 사람들뿐만 아니라 조직이나 사회의 발전에 무익하거나 부정적인 존재가 된다.

001
좋은 사람이 좋은 사람을 알아본다

소동파에게는 불인佛印 스님이라는 친구가 있었다. 어느 날 두 사람이 마주 앉아 담소를 나누다가 소동파가 "그대는 뭘 보고 있나?"라고 물었다. 불인 스님은 부처를 보고 있다고 대답했다. 불인 스님으로부터 똑같은 질문을 받은 소동파는 소똥을 봤다고 했다.

집에 돌아온 소동파는 누이동생에게 절에서의 이야기를 하며 의기양양해했다. 자신이 불인 스님을 놀려 먹었다고 생각한 것이다. 그런데 누이동생은 한숨을 쉬며 "오빠가 낯을 못 들게 됐네요."라고 했다. 소동파가 의아한 표정을 짓자 그녀는 설명했다. "사람은 자신이 생각한 대로 본다고 하잖아요. 불인 스님의 마음에는 부처님이 있으니까 부처님을 본 것인데, 오빠는……."

세상을 사는 자세는 당신의 인생관과 가치관에 의해 결정된다. 당신이 어떤 사람의 결점만 보고 괜찮은 구석이 하나도 없다고 느끼는 이유는 당신 본인이 그렇기 때문이다. 만약 당신이 상대를 낙천적이고 귀엽다고 생각한다면 당신이 바로 그런 사람인 것이다. 전자는 갈수록 부정적이고 비관적인 사람이 되지만, 후자는 더욱 의욕이 넘치고 적극적인 성격으로 변하게 마련이다.

총명한 사람이 세상을 잘 사는 이유는 타인의 속마음을 헤아리고, 원하는 것, 좋아하고 싫어하는 것을 잘 파악하기 때문이다. 하지만 가장 중요한 것은 상대를 긍정하는 능력이다. 인간은 하나같이 인정받기를 원하므로, 처세에 있어 '긍정'은 무엇보다 중요한 무기가 된다. 그렇다고 해서 긍정이 바로 무원칙적인 아부는 아니다. 듣기 좋은 말이나 하는 것이 아니라, 사실에 입각해서 상대를 인정해야 하는 것이다.

긍정은 어느 정도는 칭찬의 성격을 띠고 있지만, 믿음과 존중의 의미가 포함되어 있다. 이는 인간관계의 매우 중요한 원칙이다. 서로 믿고 존중하는 마음은 어떤 가치들보다 소중하기 때문이다.

일반적으로 남자들은 학식이나 능력에 대해 긍정적으로 평가받고 싶어 한다. 이에 비해 여자들은 외모와 성격에 대한 칭찬을 원한다. 노인들은 자기의 이야기를 들어주고, 그대로 행동하는 사람을 보면 자신이 존경을 받는다고 생각한다. 조직의 수장들은 자신이 내린 지시나 명령이 그대로 집행될 때 권위가 섰다고 흐뭇해한다. 사실 이들이 무엇보다 원하는 권위는 부하들의 절대적인 복종에서 생겨나는 것 같지만, 그보다는 존중과 신뢰가 있을 때 양자의 관계는 더욱 공고해진다. 똑똑한 사람들이 타인을 '긍정' 하는 데 뛰어난 것은, 사실상 자기 자신을 긍정하기 때문이다. 이는 인간과 세상사를 대하는 기본적인 평상심이라 할 수 있다.

002
상대의 신발을 신어 보라

구소련이 물자 부족으로 허덕일 때의 일이다. 소련 사람들은 모든 물건을 줄을 서야만 겨우 살 수 있었다. 한 소련인이 외국 친구들이 놀러 온다고 해서 대청소를 하고 있었다. 열심히 청소를 하던 그는 하나밖에 없는 빗자루를 부러뜨렸다.

놀라서 어쩔 줄을 모르던 그는 바닥에 주저앉아 대성통곡을 했다. 그때 외국 친구들 몇 명이 도착했다. 친구가 우는 모습에 당황한 그들은 사정을 듣자 위로를 했다. 부유한 일본인은 "빗자루 하나가 몇 푼이나 한다고 그래. 다시 하나 사면 되는데 뭘 그렇게 슬퍼하는 거지?"라고 했다.

법률을 만능으로 믿는 미국인은 냉정하게 방법을 가르쳐 주었다. "조악한 빗자루를 생산한 회사를 상대로 배상을 청구하면 돼. 패소해도 너는 소송 비용을 낼 필요가 없어!"

낭만적인 프랑스 친구는 엉뚱한 논리로 위로를 했다. "나는 자네가 빗자루를 그냥 부러뜨릴 정도로 힘이 좋다는 사실이 너무 부러워. 나 같은 사나이의 부러움을 사는 판에 울기는 뭘 울어?"

실용적인 독일 친구도 한마디 했다. "걱정하지 말라니까. 우리가 같이 연구하면 빗자루를 원래처럼 붙여서 사용할 수 있을 거야. 틀림없이 방법이 있다니까."

미신을 잘 믿는 타이완 친구도 거들었다. "안심해! 빗자루가 부러진 것은 재수 없는 일이 생길 거라는 징조가 아니니까. 두려워할 필요가 없어."

불쌍한 소련인이 울면서 푸념을 했다. "나는 너희들이 말한 이유들 때문에 운 게 아니야. 나는 내일 가게 앞에 줄을 서서 한나절을 기다려야만 빗자루를 살 수 있어. 그러니 너희들이랑 같이 놀러 갈 수가 없단 말이야!"

소통에 있어서 가장 중요한 것임에도 쉽게 간과하는 사실은 서로의 처지를 공감해야 한다는 것이다. 동상이몽인 사람들끼리 대화를 하다 보면 황당하고 우스운 결론으로 치달을 수 있다. 즉 각자가 자신의 입장만을 고집하면 다른 사람들도 나름대로 주관이 있다는 사실을 망각하는 것이다.

그러므로 어떤 일이나 사람을 이해해야 할 때는 자신의 생각은 한 편에 내려놓고 상대의 입장에서 생각해야 한다. 역지사지를 하면 많은 일들이 놀라울 정도로 쉽게 풀린다는 사실을 발견하게 된다.

003
관계 맺기와 예술의 공통점

어느 그림 그리기 대회에서 내건 주제는 '산 속에 숨은 절'이었다. 주제를 본 일부 화가들은 그대로 붓을 들었고, 일부는 고개를 갸우뚱하며 고민을 했다. 대부분은 높은 산기슭에 조촐하게 절을 그렸지만, 주위 경치를 다양하게 선택해서 개성 있게 절을 표현한 화가들도 많았다.

그런데 한 화가는 시간이 종료될 무렵에야 붓을 들더니 금세 그림을 완성했다. 수상자가 발표되었을 때, 예상을 한참 벗어나 이 화가가 만장일치로 1등을 차지했다. 그의 작품은 동자승이 물을 긷고 있고, 그 뒤로 울창한 숲이 펼쳐져 있는 것이었다. 참가자들은 절을 표현하는 데 중점을 두는 바람에 '숨겨진'이란 단어를 간과했던 것이다. 그렇지만 1등을 한 화가는 동자승이 있으면 당연히 절이 있다는 사실을 전제로 하고, 절을 그리지 않음으로써 여백의 미를 표현했던 것이다.

화가가 갖춰야 할 첫 번째 조건은 날카로운 감성이다. 감성이 풍부해야만 화폭에 이미지를 옮겨놓을 수 있고, 화룡점정의 효과도 극대화할 수 있기 때문이다. 사람들 간의 소통도 마찬가지이다. 소통에 장애가 되는 주요 원인은 무심함이다. 자아의식이 너무 강해서 자신의 관심사에만 예민할 뿐 타인의 생각과 느낌을 소홀히 하는 '공감'의 결여는 오해를 낳고 소통의 부재로 이어진다.

부모와 자녀, 고용자와 피고용자, 정치판에서의 여당과 야당의 관계 등도 예외는 아니다. 상대를 세심하게 이해하지 않고 '자기'의 입장만 고수하면 다툼이 끊일 수가 없다. 때로 자신을 조금만 뒤로 미뤄놓고 불가에서 말하듯 '아집을 버리거나' 아집을 감추면 모든 관계가 원만해지게 된다. 관계 맺기도 일종의 예술이라 하지 않을 수 없다!

일생 동안 인간이나 일의 요령을 파악하지 못해 힘들어하는 사람들이 있다. 이들에게는 이론이나 도리를 가르쳐 주어도 통하지 않는다. 이론을 이론으로만 받아들일 뿐 행동을 하지 않으면 아무 소용이 없는 것이다. 그렇다면 좋은 인간관계를 맺기 위해 어떻게 처신해야 할까?

부드러움은 강한 것을 이긴다

'모난 돌이 정맞는다', '튀어나온 서까래가 먼저 썩는다' 는 속담처럼 주장이 너무 강하거나 집착이 강한 사람들이 의외로 먼저 주저앉는 경우가 많다. 우리 입 안의 치아와 혀가 바로 그러하다. 치아는 단단하고 혀는 부드럽지만, 먼저 썩는 것은 치아이다. 혀는 사람이 죽은 다음에야 서서히 썩어 버린다. 부드러운 것이 더 오래간다는 진리는 이로써 간단히 증명이 되는 셈이다. 〈화엄경〉에는 '항상 부드럽고 욕됨을 인내할 수 있으면 자비로움과 기쁨을 누릴 수 있다' 는 구절이 나온다. 처세에 있어서도 강하려고만 할 것이 아니라 부드러움을 추구해야 할 것이다.

좋은 것만을 생각하라

'삼계유심 만법유식三界唯心 萬法唯識'이란 말은 쉽게 풀이하면, 마음이 바르면 생각하는 것이 모두 옳다는 뜻이다. 반대로 마음이 바르지 못하면 남을 괴롭힐 생각만 하게 된다. 성자의 눈으로 보면 세상 사람들은 모두 성자이고, 악인의 눈에는 모두가 악인으로 보인다. 그러므로 우리는 먼저 바른 마음을 갖도록 해야 한다.

겸손함은 향기롭다

겸손함은 동양인의 미덕이다. 상대를 대할 때 자신을 낮추면서 존경을 표하면 반드시 호감을 사게 된다. '자세는 낮추되 일의 수준은 높이라'는 말처럼 인간관계에서는 기본적으로 겸허하면서도 억울한 일이 있더라도 참을 수 있어야 한다. 매화가 매서운 눈바람을 견디지 못하면 어떻게 향기를 풍길 수 있겠는가? 인간도 매화처럼 어려움을 참고 겸손하게 처신할 때 향기로워질 수 있는 것이다.

네 가지를 경계하라

첫째, 인정보다는 이성을 중시하라. 인간은 감정을 가진 동물이지만 감정적으로 일을 처리하는 것은 현명하지 못하다. 감정이 메말라도 안 되지만, 이성으로 감정을 제어할 수 있어야 한다.

둘째, 인연에 기대지 마라. 때로는 인간관계를 너무 중시하고 인연에 얽매여 일을 그르치기도 한다. '군자의 사귐은 물과 같다'는 말은 감정을 자제하고, 관계나 인정에 기대어 이익을 구하려 하지 말라는 경계의 의미를 담고 있다.

셋째, 받기보다는 주는 것이 좋다. 인간은 기본적으로 관심과 보호를 받고 싶어 하고, 주기보다는 받으려는 마음이 더 크다. 하지만 먼저 상대를 이롭게 하면 응분의 보답을 받게 된다.

넷째, 재물보다는 덕을 중요하게 생각하라. '집안에 가득한 재물이 한 가지 기술을 가짐만 못하다'라는 속담이 있다. 어떤 때는 유용한 기술을 갖고 있는 것이 돈보다 더 이로울 수도 있다. 만약 우리가 학식뿐만 아니라 인격, 도덕성, 자비로운 마음 등을 갖추고 있다면 재물과 비교할 수 없는 자산을 가지고 있는 것이다. 물질적인 소유는 때로 아무런 소용이 없고 오히려 화를 자초하기도 한다. 그러므로 인격적인 덕성을 우선시하는 가치관을 지녀야 할 것이다.

004
머리를 숙여야 할 때 버티지 마라

나비 한 마리가 열려진 창문 사이로 날아 들어왔다. 방 안을 계속 맴돌던 나비는 바깥으로 나가려다 방향 감각을 잃고 당황했다. 안간힘을 썼지만 원래 들어왔던 창문을 찾지 못한 이유는 천장에 바짝 붙어서 날아다녔기 때문이다. 조금만 낮게 날아다녔다면 창이 열려진 것을 알았을 텐데 그러지 못한 것이다. 창문 바로 한 뼘 위까지 접근했던 나비는 조금 더 몸을 낮춰야 한다는 사실을 알지 못했다. 결국 기운이 빠진 나비는 탁자 위로 떨어져 죽었다.

나비보다 더 융통성이 없는 생물은 연어이다. 평소에 깊은 바다에서 무리를 지어 사는 연어는 여름 초입에 들어서면 산란을 위해 얕은 바다로 이동한다. 어부들이 연어를 잡는 방법은 꽤나 간단하다. 하단에 철망이 달린 성긴 대나무 발을 바다에 던져놓고 두 척의 배로 끌면 연어들이 그대로 잡힌다. 고집이 센 연어들은 앞으로만 나아갈 뿐 뒤를 돌아다보지 않기 때문에 망에 걸려들어도 멈추거나 방향을 바꾸지 않는다. 게다가 성난 연어들은 발을 조여도 도망을 가지 않고 계속 몸부림을 치다 결국 어부의 손에 들어간다.

인생의 길이 점점 더 좁아져서 성공할 희망이 없다고 원망하는 사람들이 있다. 이들은 경직된 사고를 바꿀 생각은 하지 않으면서 마치 나비나 연어처럼 가던 길을 고집한다. 영국 시인 로버트 브라우닝 1812-1889은 "내가 새롭게 만들어지기를 원하지 않는다. 다만 하느님이 만든 것들을 최대한 이용할 수 있기를 바란다."라고 했다. 당신의 환경이 바람직하지 않더라도 최소한 자신을 바꿀 수는 있다. 당신은 자신의 생명과 영혼의 단 하나뿐인 주인이다. 가치 있는 인간이 되려면 먼저 몸을 낮추고 자신의 능력을 직시하여 변화를 추구하고, 자신과의 싸움에서 이기고 새롭게 출발할 수 있어야 한다.

미국의 프랭클린 루즈벨트 대통령이 젊은 시절 많은 사람들로부터 존경을 받는 한 인사를 방문했다. 가슴을 펴고 머리를 곧추세우고 집 안으로 들어가던 그는 문머리에 이마를 부딪쳤다. 지독한 통증에 아찔해진 그는 손으로 이마를 문지르면서 문이 왜 이리 낮으냐고 투덜거렸다. 그를 맞이하러 나오던 주인은 껄껄 웃었다. "많이 아프죠? 머리가 띵한 것이 오늘 당신이 나를 방문해서 얻은 최대의 수확일 겁니다. 세상을 별 탈 없이 살려면 머리를 숙여야 할 때 반드시 그래야 한다는 진리를 기억해야 합니다. 이것이 내가 당신에게 꼭 해주고 싶은 말입니다."

루즈벨트는 이 날의 교훈을 죽을 때까지 잊지 않았고, 이 교훈은 실제로 삶에 많은 도움이 되었다고 한다.

자존심과 오기가 없는 사람은 없지만, 때로는 고개를 숙여야 할 때가 있다. 일상생활에서 우리는 고개를 숙이는 연습을 할 필요가 있다. 패배를 인정하는 자세를 익히는 것은 그리 어렵지 않다. 손에 든 카드가 별로일 때는 이길 수 있다는 희망을 갖지 말아야 한다. 바보들은 자신이 든 카드가 형편없을 때도 노력만 하면 승리할 수 있다고 큰소리를 친다.

몸을 낮춘다는 것은 늪에 빠졌을 때 재빨리 빠져나오고, 버스를 잘못 탔으면 내려서 다른 차로 갈아타는 것을 의미한다. 물론 몸을 낮추기 위해서는 용기가 필요하다. 주위를 살펴보면 용기가 없어 작은 실수를 만회할 수 없는 큰 잘못으로 키우는 사람들이 너무 많다는 사실을 발견하게 된다. 우리는 종종 빛나는 물체로 인해 방향 감각을 상실하고, 백절불굴의 정신으로 버티다 결국 무너지곤 한다. 아무리 노력해도 방향이 틀렸다면 목표에서 점점 멀어질 뿐이라는 사실을 명심해야 한다.

산에 큰 눈이 내릴 때 설송의 가지는 밑으로 굽어져 눈을 떨어뜨린다. 눈이 멈추고 나서 보면 설송은 가지가 하나도 부러지지 않은 채 원래의 모습을 유지하고 있다. 하지만 다른 나무들은 설송과 달리 가지들이 눈의 무게로 부러져 있다.

바위 틈에서 자라는 풀잎들은 공기를 마시고 햇빛을 받기 위해 본래의 방향을 바꿔 자라난다. 그래서 구부러지게 자란 풀잎들은 돌 틈 사이를 뚫고 나와 무성한 풀밭을 이룬다. 사람들도 몹시 어려울 때는 설송이 가지를 밑으로 구부러뜨리고, 풀잎들이 방향을 바꿔 자라듯이 머리를 숙일 필요가 있다. 그렇게 하면 더 큰 압력을 피할 수 있기 때문이다.

굽힘은 어려움을 이겨 내고 더 굳게 자리 잡기 위한 이성적인 인내이다. 굽힐 줄 아는 사람이야말로 부드럽지만 강한 태도로 인생의 질곡을 헤쳐 나갈 수 있다.

005
인생 학교에는 졸업이 없다

'사람이 배우지 못하면 의를 알지 못한다'는 격언처럼, 사람은 살아 있는 동안 끊임없이 배워야 한다. 학습에는 많은 종류가 있다. 어머니의 배 속에서 나오자마자 젖 먹는 법, 걸음마, 말하기 등을 배워야 하고, 가정과 학교에서도 지식과 기능, 교양 등을 익혀야 한다. 일을 시작하면 쉬지 않고 전문 분야에 대한 공부를 해야 한다. 이런 것들이 '유형'의 학습이라면, '무형'의 학습도 있다. 사고방식, 대인 관계, 처세 등에 미치는 무형의 학습은 그 영향력이 훨씬 크다. 우리가 익혀야 할 무형의 학습은 다음과 같다.

잘못을 인정한다

잘못을 인정하지 않으려는 사람, 잘못을 모르는 사람들은 잘못을 고칠 수 없고, 발전도 기대할 수 없다. '자기 집 밧줄이 짧은 줄 모르고 남의 집 우물 깊은 탓만 한다'는 속담이 있다. 대부분의 사람들은 실수를 하면 어떤 이유를 끌어대서라도 스스로를 변호하려 한다. 예를 들어 회의에 지각하면 '마침 손님이 왔다', '때마침 중요한 전화가 와서', '비가 내리는 바람에', '차가 막혀서' 등의 변명을 한다. 자기 발전을 꾀한다면 먼저 잘못을 인정하는 법을 배워야 한다. 자신의 실수를 인정할 때 사람들에게 배척당하지 않는 법이다.

부끄러움을 안다

의외로 많은 사람들이 부끄러움이 무엇인지 모른다. 부끄러움은 책임을 다하지 못했거나 어떤 일을 제대로 하지 못했을 때 생긴다. 따라서 진정으로 부끄러움을 느끼는 사람은 자신이 해야 할 바를 충실히 해낸다. 이것이 바로 부끄러움이 힘이 되는 이유이다.

부드러움의 힘을 깨닫는다

딱딱한 치아는 늙으면 빠져 버리지만, 부드럽고 유연한 혓바닥은 그렇지 않다. 부드러움의 생명력은 매우 길다. 오랜 시간 동안 참선한 스님이 "마음이 부드러워졌다."고 하면 상당히 정진했다는 평가를 받는다. 부드러움은 인간과 사물을 대하는 중요한 자세이다.

내려놓는다

인생에는 '들어 올려야 할 것'과 더불어 '내려놓아야 할 것'이 있다는 사실을 깨달아야 한다. 무거운 트렁크를 들고 움직여야 할 때가 있지만, 그렇지 않을 때는 내려놓으면 힘이 덜 드는 것과 같은 이치이다. 보통 사람들이 명예, 부, 사랑 등을 좇는 것은 지극히 자연스럽다. 추구하는 방법이 정당하기만 하다면 인정하고 격려할 만한 일이다. 하지만 너무 과도하면 지쳐 버리므로 집착을 놓음으로써 자유로워지는 방법을 배워야 한다.

대부분의 사람들은 인생은 앞으로 나아가는 것이라고 배운다. 하지만 앞에서 말한 네 가지는 우리로 하여금 뒤로 한 발 물러나라고 가르치고 있다. 장자莊子는 '삶에는 끝이 있지만 앎에는 끝이 없다'고 했다. 짧은 생명과 달리 지식의 바다는 광막하다. 새로운 지식과 상식을 익히는 것 이외에도 풍성한 인간관계를 위해서는 다음의 네 가지를 배워야 한다.

첫째, 소통의 기술을 익혀라. 오늘날에는 협상, 교류, 담판, 협력 등의 기회가 매우 많아짐에 따라 소통의 중요성이 더욱 강조되고 있다. 사고방식과 이해관계는 개인마다 다르므로 제대로 대화하지 못하면 불화할 수밖에 없다. 그런데 소통이 잘 안 되는 원인은 대부분 자신의 입장을 고집하기 때문이다. 상대에게 기회를 주고, 입장을 바꿔 생각하면 소통은 그리 어렵지 않다. 노선과 입장이 다르더라도 소통이 잘 되면 윈윈이 가능하다.

둘째, 감동을 배워라. 감동은 내가 상대를, 상대가 나를 위하는 아름다운 교감이다.

셋째, 센스 있는 인간이 되라. 센스가 있는 사람은 융통성을 발휘할 수 있다. 주의 깊게 듣고 논리적으로 전후관계를 이해하는 노력을 장시간 기울이다 보면 센스 있는 사람이 될 수 있다. 상대의 말에 귀를 기울이지 않고 매사를 '나는 이렇게 생각한다'는 식으로 살다 보면 무디고 둔한 인간으로 남을 수밖에 없다.

006
타인의 입보다는 자신을 믿어라

남의 말을 완전히 무시하기란 쉽지 않다. 하지만 달린 입으로 하는 말을 다 믿어서는 안 된다. 인생은 오롯이 자신의 몫이고, 타인의 입에 의해 지배될 수 없다. 언제나 스스로를 믿고 응원해야만 한다. 자아를 잃은 사람에게 모든 즐거움은 조작된 이미지에 불과하다. 설령 누군가가 당신을 비난하고, 부정하고, 공격한다고 해서 당신의 자아가 부정당한 것은 아니다. 당신을 부정할 수 있는 유일한 사람은 바로 자신이다. 그러므로 타인의 비난을 견디지 못해 한 마디 말로 한 달은 괴로워하고, 두 마디 말에 공격적이 되는 사람은 스스로를 극도로 믿지 못하는 상태라 할 수 있다.

껄끄러운 말을 들으면 의기소침해지는 사람들은 즐거운 인생과는 거리가 멀 수밖에 없다. 사람 사는 곳에 시비가 생기고, 입으로 비판을 쏟아내는 것은 아주 쉬운 일이다. 따라서 즐겁게 살고 싶다면 적당히 남의 말을 무시할 수 있어야 한다. 다시 말해, 남의 생각을 너무 의식하는 사람은 괴롭기 짝이 없는 것은 물론이고, 스스로의 개성을 잃기 쉽다. 더 끔찍한 것은 충분히 해낼 수 있는 일에도 능력을 발휘하지 못하게 된다는 사실이다.

결론적으로 말해, 입은 다른 사람의 것이고 인생은 자신의 것이라 생각해야 한다. 습관적으로 다른 사람들의 입에 '학대'를 당한다고 생각하는 사람들은 이런 생각을 해볼 만하다. 왜 나는 다른 사람들 입의 노예가 되었는가? 왜 나는 다른 사람들의 생각을 극도로 의식하는가? 해답을 얻고 나면 당신은 주체성을 회복할 것이다.

안 좋은 기억으로 스스로를 괴롭히지 말아야 한다. 좋지 않은 일들을 기억해서 자책하지 말아야 한다. 당신이 누군가와 몇 분 동안 말싸움을 했다고 하자. 겨우 몇 분 동안의 안 좋은 기억 때문에 당신은 문득문득 화가 나는 것을 느낀다. 싸움의 발단은 상대의 잘못이고, 당신을 도발했기 때문에 어쩔 수 없다고 생각한다. 하지만 사실상 당신을 화나게 하는 것은 바로 자신이다. 우리는 기억이 스스로를 괴롭히는 도구로 쓰이지 않도록 조심해야 한다.

사람들은 각기 다른 역할과 생각을 가지고 있으므로 포용적인 태도로 매사를 대하면 괴로운 일이 훨씬 줄어들게 된다. 미운 사람은 적으로 돌리기보다 친구로 만드는 것이 좋다.

자비심이 있으면 적이 없고, 현명하면 번뇌가 없다. 남들의 손가락질을 가슴에 담고 끙끙댈 필요는 없다. 화가 날 때는 마음을 다잡고 사실을 확인하면 나 이외의 사람들로부터 영향을 받지 않을 수 있다.

007
'마땅히' 책임져야 할 것

프랑스에 유학을 간 한국 학생이 어느 날 밤늦게 지하철을 타게 되었다. 열차가 역으로 들어오는 것을 본 그는 급하게 자동개표기 단말기에 티켓을 통과시키고 승차했다. 종점에서 내린 그에게 역무원은 티켓을 보여 달라고 요구했다. 그런데 뜻밖에도 티켓에는 단말기를

240

통과한 기록이 없었다. 역무원은 무임승차를 했다며 150프랑의 벌금을 내라고 했다. 유학생은 억울해서 소리를 지르다가 개표기가 분명히 고장이라고 주장했다. 역무원은 그의 말을 들은 척도 안 하면서 이렇게 말했다.

"개표기 고장은 역에서 책임을 져야 하지만, 당신도 책임이 있지 않을까 생각해 봐요. 개표기 네 개 중에 나머지 세 개는 정상이었을 테니까. 탈 때는 당신의 실수에 대해 책임을 질 필요가 없었지만, 지금은 작은 실수의 대가로 벌금을 내야만 합니다."

프랑스 사람들이 자신의 실수를 찾아내는 습관은 어렸을 때부터 시작된다고 한다. 일례로 식사 시간에 아이와 장난을 치던 강아지가 접시를 깨면 아이는 강아지가 잘못한 것이라고 항변한다. 그럴 때 아버지는 아이에게 방으로 들어가 자신이 잘못을 했는지 생각해 보라고 권한다. 몇 분 후 아이는 식사할 때 강아지와 논 자신도 잘못이 있다고 말한다. 그러면 아버지는 "네가 책임을 인정했으니 식탁을 치우고, 용돈으로 깨진 접시 값을 내라."고 한다.

프랑스인들은 공공장소에서 싸움을 하는 일이 거의 없다. 이들에게는 스스로를 반성하는 습관이 민족성처럼 자리를 잡았다. 자기반성은 인간관계에서 일어나는 마찰을 최소한으로 줄이는 윤활유와 같은 작용을 한다. 무엇보다도 자신의 잘못을 성찰하면 똑같은 잘못을 저지르거나, 소홀함으로 일을 망치는 실수가 현저히 줄어든다.

우리는 '마땅히'라는 단어를 즐겨 사용한다. 하지만 '마땅히' 혹은 '반드시'와 같은 명령, 강제, 금지의 의미를 지닌 어휘는 어떤 식으로든 감정을 상하게 만든다. 이런 어휘를 많이 사용하면 사람들 사이는 멀어지게 마련이다.

그럼에도 불구하고 사람이라면 마땅히 노력하고, 생각하고, 책임을 져야 할 일들이 있다. 시공간을 초월해서 '마땅히'라는 세 글자를 피해갈 수 없으므로 우리는 이를 받아들이고 이해할 수밖에 없다. 만약 '마땅히' 해야 할 것들에 대한 확실한 이해가 없으면 사회 질서와 규범은 해이해지고, 더 나아가 행복한 삶과 멀어지게 된다.

실수를 타인에게 전가하는 것은 인지상정이다. 하지만 그와 같은 태도는 용기를 결여한 나약함 그 자체일 뿐이다. 떳떳하게 사회의 일원이 되려면 마땅히 책임을 지고, 실수를 깨닫고 반성하는 용기를 갖춰야 한다.

No. 9 '나'를 '우리'로 만드는 화학식

- 스스로를 괴롭히지 않으면 타인이 당신을 괴롭히는 일은 없다.

- 다른 사람을 변화시키려 하지 말고 자신을 바꾸도록 노력하라.

- 다른 사람을 마음으로부터 용서하지 않으면 절대로 마음의 평정을 유지할 수 없다.

- 누군가에게 충고를 할 때 자존심을 세워 주지 않으면 아무리 좋은 말도 소용이 없다.

- 당신을 욕하는 사람을 되돌아보지 마라. 개에게 물렸다고 당신이 개를 물 수는 없지 않은가.

- 누군가를 질투한다고 해서 당신이 얻는 것은 아무것도 없다. 또한 질투가 상대의 성취를 방해할 수도 없다.

- 타인을 해치기 위해 자신의 결점을 감추는 것은 수치이다.

- 사람들과 잘 어울려 사는 최상의 비결은 무한한 인내와 포용력을 갖추는 것이다.

- 다른 사람의 생각을 따지고 의심하지 마라. 지혜와 경험을 결여한 판단은 대부분 오해일 뿐이다.

- 어떤 사람을 이해하려면 그의 출발점과 목적지가 같은지의 여부만 알면 된다. 일치한다면 그 사람은 진심을 갖고 있는 것이다.

- 용서란 자신의 마음에 넉넉한 공간을 남겨두는 것이다.

- 세상에는 욕만 먹는 사람도, 칭찬만 받는 사람도 없다. 당신이 말을 많이 할 때, 적게 할 때, 침묵할 때, 이 모든 경우에 비판하는 사람들이 있게 마련이다. 남들의 비판을 피할 수 있는 사람은 없다. 침묵이야말로 비방에 대한 최상의 응답이다.

- 다른 사람의 허물을 들추는 데 맛을 들이면 자기를 반성할 시간이 없으므로 부실한 인간이 된다.

- 다른 사람의 꿈을 우습게보지 마라.

- 뜨거운 사랑으로 인해 당신은 상처를 받을 수 있다. 하지만 그것은 인생을 완벽하게 만드는 유일한 비결이다.

02
사랑, 그 미묘한 줄다리기

      사랑은 인간의 천성이고, 모든 사람은 순수한 사랑을 원한다. 또한 사랑은 비현실적인 환상을 갖게 만든다. 하지만 환상이 깨지고 나면 실망감 때문에 심리적 편차를 드러낸다. 그러한 심리적 편차는 이상과 현실의 괴리에서 비롯된다.

    사랑은 시작에서부터 여러 단계를 거치면서 발전하지만, 그 끝은 순간적인 결정에서 말미암을 때가 많다. 많은 케이스들을 살펴보면, 남들의 부러움을 살 정도로 뜨거운 사랑을 한 커플일수록 이별 후에 마치 원수처럼 변하는 경우가 많다. 반대로 잘 싸우고 문제가 많던 연인일수록 헤어진 뒤에 서로를 이해하고 감정적 앙금도 없는 편이다.

    사랑에 대한 생각은 까다롭기 그지없다. 사랑이 너무 깊으면 부담이 크고, 깊이 없는 사랑은 뜨겁게 느껴지지 않는다. 부드러운 상대는 나약해 보이고, 강한 상대는 독재자처럼 보이기 쉽다. 환상이 많으면 현실성이 결여되고, 현실적인 사랑은 속물적으로 느껴진다. 평범한 사랑은 낭만적이지 않고, 많이 참아야 하는 사랑은 불안하기만 하다.

연애를 할 때는 감정이 이성보다 앞서므로 거짓된 이미지에 현혹되고, 극도로 예민해져서 상처도 잘 입는다. 적과는 필요하면 대화를 하고 싸움을 멈출 수 있다. 하지만 연인들은 한 마디 말, 한 순간의 눈빛으로 인해 평생 원수가 되기도 한다.

가슴에 사랑에 대한 아름다운 꿈을 간직하고, 상상의 공간을 남겨두는 것을 탓할 수는 없다. 하지만 현실과 꿈의 차이로 인해 사랑에 문제가 생기면 순전히 자신이 책임져야만 한다. 사랑은 인연이 있어야 되므로 무리하게 집착해서는 안 된다. 어떤 사람은 그냥 스쳐가는 과객일 뿐이고, 인연이 있는 사람은 평생 동안 아끼고 사랑해야 한다.

사랑의 상처를 입더라도 다른 사람에게 의도적으로 상처를 입혀서는 안 된다. 사랑에 대한 태도야말로 한 사람의 인격 그 자체이다. 사랑을 믿고, 진정한 사랑을 할 때에 행복은 찾아온다.

모든 사랑은 그 자체로 충분히 아름다운 것이다.
순간에 시들어 버리는 장미와 영원히 녹지 않는 설산은 똑같이 아름답다.

001
죽을 때까지 사랑하라

굳게 닫힌 대문을 열기 위해 철 막대기가 몸부림을 쳤지만 열리지 않았다. 그다음으로 열쇠가 와서 가냘픈 몸을 열쇠 구멍에 들이밀자 자물쇠가 가볍게 열렸다.

철 막대기는 샘이 나서 물었다. "나는 안간힘을 써도 안 열리던데 너는 어떻게 쉽사리 문을 연 거지?"

열쇠가 대답했다. "나는 자물쇠의 마음을 잘 이해하거든."

사람들의 마음은 닫힌 문과 같으므로 굵은 막대기로 아무리 열려고 용을 써도 열리지 않는다. 오직 따뜻한 관심만이 정교한 열쇠와 같이 상대의 마음을 열 수 있다.

246

모세 멘델스존은 독일의 유명한 작곡가 펠릭스 멘델스존의 할아버지이다. 그는 미남과는 거리가 먼 얼굴에다 꼽추였다.

어느 날 모세 멘델스존은 함부르크의 한 상인을 찾아갔다가 그의 아름다운 딸 프롬체에게 한눈에 반했다. 멘델스존은 운명적인 사랑이라 생각했지만 프롬체는 추한 외모의 그에게 눈길도 주지 않았다.

집으로 돌아가야 할 시간이 되자 멘델스존은 프롬체와 마지막으로 대화를 나누기 위해 용기를 내서 방으로 찾아갔다. 말을 걸어도 대답조차 않는 프롬체에게 멘델스존은 "배우자는 반드시 하늘에서 정해 준다는 말을 믿나요?"라고 물었다.

그녀는 쌀쌀맞게 "믿어요."라고 하더니 멘델스존에게 "당신도 믿나요?"라고 반문했다. 그러자 멘델스존이 대답했다.

"내가 들은 바로는 하느님은 남자 아이들이 태어나기 전에 장래에 결혼할 여자가 누구인지 가르쳐 준다고 합니다. 나도 세상에 나오기 전에 하느님으로부터 어느 여자와 결혼할 것인지 들었습니다. 그 여자는 꼽추라고 하더군요. 그래서 나는 하느님께 여자가 꼽추로 사는 것은 너무나 슬픈 일이니 차라리 나를 꼽추로 만들어 달라고 했습니다."

프롬체는 멘델스존의 말과 간절한 눈빛에 깊은 감동을 받았다. 얼마 후 둘은 결혼하여 평생 동안 서로를 지극히 아끼며 살았다고 한다.

사랑은 개인적인 감정이지만 부당한 간섭과 품평을 받게 된다. 남들의 시선을 완전히 무시할 수는 없지만, 사랑을 지키기 위해서는 초연하게 대처하는 성숙한 자세를 익혀 나가야 한다.

예로부터 비극적인 사랑은 경제적인 문제에서 잉태되는 경우가 허다하다. 물질만능주의가 팽배한 오늘날에는 더욱 그러하다. 애정의 변질, 이혼, 외도 등과 같은 감정적 위기는 복잡한 인간관계를 피할 수 없는 현대사회의 특성에서 비롯된 현상이자 금전적인 요소와 깊은 연관이 있다.

현대에는 그 어느 때보다 사랑을 할 기회가 많기 때문에 감정이 범람하고 있다는 인상을 지울 수 없다. 게다가 대중문화의 영향과 경박한 가치관으로 인해 사랑은 세속적이고 즉물적으로 변하고 있다.

사랑을 둘러싼 복잡한 환경에서 반드시 갖춰야 할 것은 평상심이다. 사랑이 신성불가침하다거나 절대로 변하지 않을 것이라는 생각은 금물이다. 개방적인 태도로 사랑의 변화에 대한 심리적 준비를 하는 것이 무엇보다 중요한 것이다. 자신만은 예외적으로 불변의 사랑을 할 것이라고 기대를 하는 것은 곤란하다. 결혼 전이나 후에 변화가 생기더라도 경악하지 말고, 버림 받았다는 자학적인 생각에도 빠지지 말아야 한다. 사랑을 할 때나 결혼 생활에 있어 한 번의 사랑이 영원히 갈 것이라는 나태한 사고를 갖기보다는 '죽을 때까지 사랑하겠다'는 각오로 언제라도 새로운 사랑을 할 수 있다는 적극적인 자세를 잃지 않는 것이 좋다.

사랑은 시합에 출전한 운동선수와 같다. 노련한 선수가 금메달이 거의 확실시 될 때 실수를 많이 하고, 경험이 없는 선수가 오히려 쉽게 우승을 하는 이유는 기대감의 차이 때문이다. 이런 이치는 사랑에 그대로 적용된다. 상대를 너무 많이 사랑하면 어찌할 바를 모르고 지나친 관심을 보이다 오히려 신뢰를 잃고 구속한다는 비난을 받다 실연을 하게 된다. 따라서 어떤 일을 하든 간에, 그것이 설령 사랑이더라도 반드시 건강한 심리 상태를 유지해야 한다.

완전한 사랑은 없지만 매번 사랑을 할 때는 '인연'을 소중하게 여겨야 한다. 애정이 사라졌을 때 차라리 만나지 않았더라면 하고 탄식하는 것은 어리석기 짝이 없다. 그것은 청춘이 가버렸음을 원망하는 것이나 다름없다. 꽃이 피었다 지고, 달이 찼다 기우는 것과 같이 인생은 한 순간도 머물러 있지 않는다. '순간에 시들어 버리는 장미와 영원히 녹지 않는 설산은 똑같이 아름답다'는 괴테의 말은 사랑에도 그대로 통용된다. 모든 사랑은 그 자체로 충분히 아름다운 것이다.

002
당신 앞에 주어진 세 가지 결혼 방식

두 개의 글자가 사랑을 하게 되었지만 함께할 수 없었다. 둘은 항상 몇 줄, 몇 쪽, 몇십 쪽씩 떨어져 있어야 했다. 심지어는 같은 책 안에 들어 있지 못하는 일도 있었다. 서로를 그리워하며 괴로워하던 그들은 결혼할 나이가 되자 글자를 만든 학자를 찾아갔다. 학자는 그들이 선택할 수 있는 결혼의 방식이 세 가지 있다고 했다.

첫 번째 방식은 상대의 의미를 그대로 인정하여 원래의 모습을 잃지 않는 것이다. 이는 두 개의 독립된 글자로서 서로를 사랑하는 방식이다.

두 번째는 서로를 위해서 사는 것으로, 헤어지면 둘 다 존재할 수 없다. 즉 둘이 같이 있을 때만 그 의미가 있는, 한 개의 단어로서 살아가야 하는 운명인 것이다.

세 번째는 가장 일반적인 결혼의 방식으로서 같이 있을 때 의미가 있지만, 다른 글자와 합치면 또 다른 의미를 가지게 된다.

그들은 첫 번째 결혼 방식을 택했다. 그들은 사람들에게 자주 이용되었지만 위치가 바뀌거나 쉼표가 들어가면 완전히 다른 성격으로 변질되는 것을 참을 수 없었다.

시간이 많이 흐른 뒤에 그들은 서로가 다른 세계에서 동상이몽으로 살아가고 있다는 생각이 들었다. 글자를 만든 학자를 찾아간 그들은 두 번째 결혼 방식을 선택하고 싶다고 말했다. 학자는 흔쾌히 동의했다. 그래서 그들은 한 개의 단어가 되었다. 어느 한 쪽이 사라지면 다른 한 쪽은 도대체 무슨 의미가 있는지 짐작할 수도 없었으므로 둘은 결코 떨어지지 않았다. 이런 생활에 만족했지만, 그들도 점차 상대의 매력에 둔감해졌다. 얼마 후에는 권태기에 빠져 서로를 미워하다 학자를 찾아갔다.

세 번째 결혼을 허락해 달라고 하자 학자는 마지막 기회라고 경고했다. 이들은 세 번째 결혼 방식에 대단히 만족했다. 자유롭게 지내다가 언제라도 함께 있을 수 있고, 싫증이 나면 다른 글자와 어울릴 수도 있었기 때문이다. 이들은 가정의 따뜻함을 맛볼 수도 있었고, 다른 상대와 짜릿한 만남을 즐기기도 했던 것이다. 이번 결혼이야말로 이상적이라는 생각이 들었다.

하지만 유감스럽게도 어느 정도 시간이 흐르자 뭔가 잘못되었다는 느낌이 드는 것을 어쩔 수 없었다. 첫 번째 결혼과 같이 독립적이지도 않고, 두 번째 결혼과 같이 절절한 감정도 없었기 때문이다. 세 번째 결혼 생활에는 애정은 존재하지만 신성함이 결여되었던 것이다. 문제는 더 이상 선택의 여지가 없다는 것이었다.

그들은 어떤 방식의 결혼이든 결함이 있을 수밖에 없다는 사실을 깨달았다. 결혼 생활에는 낭만과 안정이라는 두 가지 장점이 공존할 수 없다는 것을 세 번의 결혼을 통해 깨닫게 된 것이다. 두 개의 글자는 지금까지도 수많은 글자들 속에서 만족할 만한 만남과 혼인의 방식을 찾지 못했다. 마치 모래알처럼 많은 남자와 여자가 서로의 짝을 쉽게 만나지 못하는 것처럼.

003
두드려야 열리는 행복의 문

첸중수錢鍾書, 1910-1988의 걸작 〈포위된 성圍城〉에서 '포위된 성城' 이란 결혼을 의미한다. 성 밖에 있는 사람들은 들어가고 싶어 하고, 그 안의 사람들은 밖으로 도망치려 한다. 많은 사람들이 결혼을 동경 하지만 막상 결혼 후에는 성 안에 갇힌 듯 답답함을 느끼기 때문에 탈출을 꿈꾼다는 것이다. 현실적으로 성 안에 갇혀 있지만 낭만적인 생활을 원한다면 부부가 함께 초현실주의자가 되어 끊임없이 혼인 생활을 신선하게 가꿔 나가야만 한다.

그러나 일단 결혼 뒤에 모든 것을 얻었다고 방심하며 산다면 성의 기초가 흔들릴 수밖에 없다. 사랑은 낭만적이지만, 결혼으로 이룬 가 정에서 낭만은 영순위가 아니다. 미혼이나 기혼자 모두 결혼에 대해 너무 큰 기대를 해서는 안 된다. 기대치가 클수록 현실과의 괴리로 인 해 실망은 커진다. 실망이 커지면 결혼 생활의 안정성은 위협을 받게 된다.

신혼 초에는 뜨거운 감정을 유지할 수 있다. 어느 정도 시간이 흐 르면 권태감으로 인해 한눈을 팔기 쉽다. 그러다 중년 이후에는 부부 가 동반자라는 의식을 갖게 되어 서로 의지하고, 결속력도 강해진다. 결혼 생활은 끊임없이 변화하기 때문에 진지하게 경영해야 한다. 적 지 않은 사람들이 결혼으로 판도가 정해졌고, 특별한 노력 없이도 안정적으로 일생을 같이 할 수 있다고 생각한다. 하지만 이런 생각은 대단히 잘못된 것이다.

생명은 하나의 과정이고, 결혼도 예외는 아니다. 결혼 생활에는 햇빛이 비칠 때가 있고, 비바람이 몰아치는 순간들도 있다. 문제는 폭풍우가 몰아칠 때 얼마 후에 비칠 찬란한 태양을 기다릴 마음 자세를 갖추고 있느냐 하는 것이다. 다시 말해, 결혼에 대해 믿음이 있고 악운이 지나가면 내일은 더 나을 것이라고 생각하는 낙천성을 몸에 익혔는가 하는 것이다. 그런데 조급하고 불안한 현대인들은 인내심이 부족하기 때문에 결혼에 빨간 등이 켜지면 분노, 원망, 감정의 폭발 등으로 위기를 자초한다.

너무도 빤하게 느껴지는 결혼 생활이라도 우리는 평상심을 잃지 말아야 한다. 갈등 속에서도 우리는 결혼이 가져다주는 행복과 즐거움을 맛볼 수 있기 때문이다. 부부 간에 관심과 배려가 없는 생활이 계속되더라도, 지나고 보면 결혼 자체는 부정할 수 없는 제도로서의 가치를 갖고 있는 것이다.

순간의 느낌에 치중하다 보면 결혼은 언제라도 깨질 수 있다. 그래서 결혼 전에는 두 눈을 똑바로 뜨고 상대를 보고, 결혼 후에는 한 쪽 눈으로만 보라는 말이 생겨난 것이다. 문제 없는 결혼 생활이나 완벽한 배우자는 세상에 없다. 부부가 같이 살다 보면 '본색'이 그대로 노출되게 마련이다. 단점들을 일일이 따지기보다는 그저 한 인간을 감상한다는 시선으로 바라보면 어느 순간 있는 그대로를 받아들이는 자신을 발견하게 될 것이다.

그럼에도 불구하고 지리멸렬해진 결혼을 유지하기 위해서는 상대로부터 받는 스트레스를 견뎌 내야 한다. 견디기 힘든 순간에는 양보하고 굽힐 줄 아는 지혜를 발휘해야 파경을 면할 수 있다. 부부가 서로 한 발씩 양보하면 갈등이 해소되고, 함께 즐거움을 누릴 공간이 훨씬 넓어진다.

인내와 포용심은 부부 사이에 반드시 필요한 미덕이다. 특히 자신의 취향이나 습관을 상대에게 강요하지 않는 것이 무엇보다 중요하다. 영리한 사람이라면 배우자를 부드럽게 제압(?)하는 방법을 익힘으로써 큰 충돌을 피한다. 아주 권장할 만한 행동은 아니지만 좋은 부부 관계를 위한 지혜라고 이해하면 될 것이다.

한편 배우자가 결혼 생활에 불충실한 행동을 했을 때 당신이라면 어떻게 하겠는가? 막무가내로 대화를 거부한다면 방법은 없다. 하지만 잘못을 뉘우치고 노력하는 모습을 보인다면 다시 한 번 기회를 주겠는가? 눈에 모래가 들어가면 안 된다는 것은 당위이고, 바람이 불면 모래가 들어가는 것이 현실이다. 모래가 들어갔을 때 눈을 보호해야 하듯이, 결혼 생활도 눈처럼 보호해야 할 필요성은 충분하다. 금이 난 사이를 회복하기 위한 노력은 고통스럽기만 하다. 하지만 당신이 눈을 필요로 하는 한, 모래는 빼내면 된다. 사실상 상대에게 잘할

254

수 있는 기회를 주는 것은 스스로 기회를 한 번 더 갖는 것이나 다름 없다.

우리가 기억해야 할 우화가 있다. 사람들이 굳게 닫힌 행복의 문을 찾아와 노크했다. 그들은 열릴 때까지 계속 두드리다 결국 지치고 실망해서 그냥 돌아갔다. 행복의 신은 인간들의 모습을 보며 한숨을 쉬었다. "불쌍한 인간들, 한 번만 더 두드리면 내가 문을 열어줄 텐데……." 행복한 결혼도 열릴 때까지 두드려야 하는 문과 같다. '조금만 더'를 마음에 새기고 노력할 때 행복은 가까워지는 것이다.

004
혼수보다 중요한 결혼의 기초

인생 최고의 행복은 사랑하고 사랑받는 것이다. 모든 사람은 사랑을 원한다. 누군가가 자신을 사랑해 주지 않고, 자신이 좋아하는 사람으로부터 버림받는 것은 고통 그 자체이다. 사랑은 마음에서 생겨나는 것이므로 강요할 수 없다.

사랑받기 위해서는 먼저 자신을 사랑해야 한다. 자신을 사랑한다는 것은 단순히 외모를 아름답게 꾸미는 것만이 아니다. 더 중요한 것은 내적인 아름다움과 성숙한 인격을 갖추는 것이다. 많은 사람들이 아름답기 때문에 사랑스러운 것이 아니라, 사랑스럽기 때문에 아름다워 보인다. 미학적으로 완벽하게 아름다운 사람은 인류 전체의 3~5%에 불과하다고 한다. 절대 다수의 사람들은 평범한 외모의 배우자와 평생을 지내게 된다. 이런 사실을 명심한다면 비현실적인 기대나 헛된 망상(?)으로 반려자를 찾지 말고 자신에게 적당한 평생의 파트너를 찾아야 한다.

그다음으로는 타인을 사랑하는 방법을 배워야 한다. 즉 이성의 내적인 아름다움, 장점과 단점 등을 정확하게 보고 존중할 줄 아는 안목과 태도를 갖춰야 한다. 자신이 상대보다 얼마나 더 뛰어난가를 계산하고, 결혼 후에도 예전과 같이 상대를 자기 뜻대로 움직이려 해서는 안 된다. 더욱이 자신이 상대보다 우월하다는 생각을 버리지 않으면 부부 간에 평등한 관계는 성립되지 않는다. 대등한 의식이 없는 부부는 주종 관계나 상사와 부하의 사이처럼 변질되어 결국 파국을 맞이하게 된다.

인간은 원래 불완전한 존재인데, 자신의 약점을 상대가 너그럽게 봐주기를 바라면서 자신은 그러하지 못한 것은 모순이다. 그리고 사랑을 희구하는 인간으로서 안정적이고 친밀한 관계를 원한다면 사랑은 어느 한 쪽이 베풀거나 혹은 구걸해서 얻어지지 않는다는 사실을 분명히 알아야 한다. 서로가 필요한 존재임을 인정하여 존중하고, 상처를 주는 언행을 삼가면서 모든 감정을 공유하는 것, 그것이 바로 사랑이다.

우리는 '황금 보기를 돌같이 하라'는 금언을 실천할 수 없지만, 결혼에서 경제적 조건을 최우선으로 하는 생각도 바람직하지는 않다. 물론 돈에 대한 지나친 결벽증이나 배금주의는 심리적으로 건강하지 않은 증거로서 결혼 생활에 부정적으로 작용한다. 그러나 상대에게 경제적으로 지나치게 의존하지 않고 경제적인 독립을 할 때, 정신적인 독립이 가능하고 서로 존중하며 생활할 수 있다. 특히 돈 많은 배우자를 만나 편안하게 살고 싶다는 환상(?)을 가졌다면 자아 상실이라는 대가를 치를 각오를 해야 한다.

사랑이 기초가 된 결혼이야말로 시련과 좌절을 이겨 낼 수 있다. 일본의 유통업체 야오한八佰伴은 한때 욱일승천의 기세로 발전했지만 경영 부실로 도산했다. 그런데 회장 부인은 "내가 그 사람과 처음 사랑에 빠졌을 때는 작은 식료품 가게 주인이었어요. 지금 그 사람은 그때처럼 아무것도 가진 것이 없지만 나는 여전히 사랑합니다. 우리는 처음으로 다시 돌아간 것이지요."라고 남편에 대한 애정을 표시하며 함께 어려움을 헤쳐 나갔다.

올바른 결혼 생활은 개인의 권리와 자유를 침해하지 않는다. 다시 말해 자율적이고 건강한 믿음을 토대로 서로 적당한 거리를 유지하는 것이 바람직하다. 처음에는 뜨겁던 사랑이 점차 식으면서 가족애로 변하는 것이 변심이나 배반은 아니다. 미지근하지만 은근한 사랑이야말로 오래도록 감정을 유지할 수 있게 한다.

005
때로 사랑도 담담해야 한다

이혼율의 증가는 세계적인 추세이다. 과거에는 결혼 후 7년이면 권태기를 맞이한다고 했지만, 현재는 권태를 느낄 새도 없이 이혼을 하는 젊은이들이 허다하다. 게다가 중년 이후의 이혼도 이제는 대수롭지 않은 일로 치부되는 실정이다. 하지만 이혼을 결심할 때는 반드시 냉정하고 신중한 자세를 잃지 말아야 한다. 전통적인 관념에 얽매여 자신의 행복을 포기할 필요는 없지만, 이제 '막장'이라는 식으로 감정을 앞세워서는 안 된다. 차분하게 마음을 가라앉히고 생각하면 실패한 것 같은 결혼 생활도 만회할 수 있는 경우가 적지 않다.

남편과 아내가 아직 정이 남아 있다고 느낀다면 이혼 수속을 미루고 별거를 하는 것이 낫다. 별거 기간 중에 결혼 생활의 득실을 따져 보고, 반 년 정도 혼자 살아 본 결과 생활에 아무 문제가 없다고 판단되었을 때 법적인 정리를 하면 된다. 별거하는 동안 후회, 상실감, 고독 등의 감정에 시달렸다면 자신을 바꿀 결심을 하고, 옛정을 회복하도록 노력하는 편이 낫다. 만약 사랑이 전혀 없고 결혼 생활이 엎질러진 물과 같다고 생각되면 원망, 복수심, 자학 등의 부정적인 감정을 극복해야 한다. 평생 동안 딱 한 번만 사랑을 하는 사람은 거의 없다는 사실을 떠올려서 또 다른 사랑을 할 수 있다는 자신감을 가져야 한다.

오늘날 불륜은 거의 대세(?)가 되고 있다. 부부 간의 믿음을 배반하는 불륜은 심각한 문제이지만 반드시 이혼으로 연결되지는 않는다. 만약 결혼을 끝낼 생각이 아니라면 마음의 준비를 충분히 한 다음에 대처할 방법을 강구해야 한다.

남편의 외도 사실에 정신적으로 거의 파탄 직전까지 갔다가 이성을 회복한 한 여성은 자신이 많이 성숙해졌다며 이렇게 말했다.

"사랑에 대해 담담해져야 한다는 사실을 깨달았지요. 아무리 열렬한 사랑도 식어 버릴 수밖에 없고, 연애하는 사람 중에 8, 90%는 헤어지지요. 그러니 사랑과 이별을 특별하게 생각하지는 말아야 할 것 같아요. 사랑하는 사람이 있을 때 잘하고, 인연이 다 되었다면 좋게 헤어져야지요. 사랑이 없어도 사는 데 지장은 없어요. 아무리 울고불고 난리를 쳐봤자 자신만 더 불쌍하고 혐오스러워질 뿐이지요.

나는 남편이 바람을 피웠다는 것을 알았을 때 사실을 캐묻지도 않았고, 현장을 덮치려 하지도 않았어요. 그건 남편의 일이니까요. 그 사람이 머리가 좋다면 내가 절대로 모르게 사고를 쳤을 테고, 멍청한 인간이라면 나와 대화를 하려는 시도조차 하지 않겠지요. 더 끔찍한 인간들은 바람을 피우고도 적반하장 격으로 큰소리를 치지요. 만일 남편이 솔직하고 진지한 태도로 우리의 상황을 이야기하면서 현실적인 선택을 하려 한다면 그래도 현명하다고 할 수 있을 거예요."

이 여성의 남편은 심사숙고 끝에 이혼을 할 수 없다는 결론에 도달했고, 짧은 외도를 청산하고 가정으로 돌아왔다.

전문가들은 남녀를 불문하고 대다수가 일생에 한 번은 불륜을 저지르는 경향이 있다고 단언한다. 물론 한 번에 그치는 사람들이 있는 반면에 끊임없이 불륜을 저지르는 사람도 적지 않다. 생리학자들은 종족이나 종교에 상관없이 사랑의 지속 기간은 18~30개월이고, 불륜도 이 법칙에서 벗어나지 않는다고 한다. 혼외정사의 시작과 끝은 일반적인 애정의 심리와 생리의 법칙에서 벗어나지 않으므로 너무 심각하게 혹은 대수롭지 않게 받아들이지 말아야 한다. 예방을 위해 과도하게 상대를 옭아매어서도, 방종을 묵인해서도 안 된다. 가장 이상적인 해결 방법은 불륜을 저지른 당사자가 철저히 반성하고, 재발의 가능성을 스스로 차단하기 위해 최선을 다하는 것이다.

정신이 건강하고 인간에 대한 깊은 이해가 있다면 자신과 배우자를 올바로 이해하여 결혼 생활의 갈등과 문제점들을 처리할 수 있다. 설사 결혼이 파탄의 위기에 직면하더라도 평상심을 가지고 있다면 올바른 판단과 결정으로 손실을 최소화하면서 난관을 무사히 극복할 수 있다.

No. 10 남자의 결혼, 여자의 결혼

영원히 변치 않는 사랑이 있다고 믿는가?

남 : 믿지 않는다. 결혼은 사랑의 끝이다.

여 : 정은 영원하지만 사랑은 영원하지 않다.

사람들은 왜 결혼을 하나?

남 : 결혼을 해야 이혼할 수 있으니까.

여 : 늙어서 결혼하는 것은 끔찍한 일이니까.

결혼 생활은 무엇으로 유지되나?

남 : 결혼증서.

여 : 인내와 끈기.

결혼 후의 느낌은?

남 : 피곤하다.

여 : 괴롭다.

당신의 배우자를 어떻게 생각하나?

남 : 예전에는 부드러운 여자였지만 지금은 하루 종일 살림에 절어 산다.

여 : 결혼 전에는 남자답고 호탕했지만 지금은 잔머리만 굴리고 있다.

결혼을 한 단어로 비유한다면?

남 : 무덤.

여 : 미로.

지은이

장쓰안 張世安

시인, 작가. 1966년 중국 요녕성 출생. 1984년 길림성 지질학교 입학. 〈길림청년〉〈중학생박람〉〈문예보〉 등의 잡지를 편집하였고, 현재 〈인민일보〉 기자와 편집자를 겸하고 있다. 〈매력 있는 여자〉〈무드 있는 여인〉 등의 책을 썼다.

- -

옮긴이

황보경

1961년 서울 출생. 고려대학교 사학과, 국립대만대학 역사학 연구소(근대사 전공 · 석사), 한국외국어대학교 통번역대학원 한중과(통역과 번역 전공) 졸업. 〈패권의 법칙〉〈아기 돼지 생활철학〉〈성공과 실패를 가르는 1%의 생각 차이〉〈누구나 좋은 엄마쯤은 될 수 있다〉〈치국〉〈그는 어떻게 아시아 최고의 부자가 되었을까?〉 등의 책을 번역했다.

1판 1쇄 발행 2008년 2월 20일
1판 10쇄 발행 2011년 9월 10일

지은이 장쓰안
옮긴이 황보경
펴낸이 김성구

편 집 박유진 권은정 김동규
디자인 여종욱 조은희
제 작 신태섭
마케팅 최윤호
관 리 김현영

펴낸곳 (주)샘터사
등 록 2001년 10월 15일 제1-2923호
주 소 서울시 종로구 동숭동 1-115 (110-809)
전 화 02-763-8965(단행본팀) 02-763-8966(영업마케팅부)
팩 스 02-3672-1873 **이메일** book@isamtoh.com **홈페이지** www.isamtoh.com

ISBN 978-89-464-1713-7 03320

이 도서의 국립중앙도서관 출판시도서목록(CIP)은 e-CIP 홈페이지
(http://www.nl.go.kr/cip.php)에서 이용하실 수 있습니다. (CIP제어번호: CIP2008000436)

값은 뒤표지에 있습니다.
잘못 만들어진 책은 구입처에서 교환해 드립니다.

대 그림자 뜰을 쓸어도 먼지 아니 일고
달빛이 못의 바닥에 닿아도 물 위에 흔적 없네.

야부선사의 금강경 게송偈頌